Abbas Chalaby

EGIPT

Od Kairu do Abu Simbel i Synaju

Przy wydaniu współpracowali:
Giovanna Magi (uzupełnienia w tekście)
Paolo Giambone (zdjęcia)

BONECHI

◄ *Bóg Ozyrys (Dolina Królów, Grobowiec Sennedżena)*

Giza nocą

WPROWADZENIE

PRADZIEJE

Historia Egiptu bez wątpienia sięga paleolitu, chociaż opieramy się tutaj wyłącznie na domysłach i hipotezach. W owych czasach dolina Nilu była czymś zupełnie innym niż jest dzisiaj. System rzeczny prawdopodobnie pokrywał znacznie większy obszar, a klimat musiał być o wiele bardziej wilgotny, toteż do samej Delty ciągnęły się przebogate rozlewiska i bagna. Klimat zaczął się zmieniać w końcu paleolitu, a koryto Nilu znalazło się tam, gdzie jest obecnie. Stopniowa, ale narastająca przemiana sąsiadujących ziem w pustynie spowodowała koncentrację życia i wszelkiej ludzkiej działalności wzdłuż żyznych brzegów rzeki. W neolicie, którego początki datuje się na około dziesięć tysięcy lat przed Chrystusem, istniały już dwie wyraźnie zróżnicowane grupy etniczne, wywodzące się z dwóch odrębnych regionów: grupę pochodzenia afrykańskiego o środkowoafrykańskim rodowodzie oraz grupę śródziemnomorską, której korzenie wyrastały w samym sercu Azji. Do dwóch wymienionych należałoby jeszcze dodać trzecią, która miała jakoby poprzez Libię przywędrować w dolinę Nilu z legendarnej Atlantydy. W ten oto sposób powstały dwa ośrodki cywilizacyjne, jeden na północy kraju, w Delcie, ze stolicą o nazwie Merimda, oraz drugi, na południu, skupiający się wokół miasta Tasa.
To, że w owych odległych czasach ludność Egiptu dzieliła się na dwie nie do końca zintegrowane społeczności, pozostawiło pewien ślad w administracyjnym podziale kraju na tak zwane „hesep", czyli prowincje, przez Greków określane mianem „nômi". Górny Egipt miał ich dwadzieścia dwie, Dolny – dwadzieścia. Owe zamierzchłe, baśniowe prapoczątki egipskiej cywilizacji sami Egipcjanie nazywali „czasem Boga", wtedy bowiem właśnie bóg Ozyrys miał zasiąść na egipskim tronie. Owo ziemskie panowanie boga zostało opisane w dokumencie znanym jako *Teksty piramid*. Zgodnie z legendą, Ozyrys zjednoczył wówczas, choć nie na długo, obie części kraju. Jednak dopiero od około 3200 roku przed Chrystusem można już mówić o historii Egiptu w całym tego słowa znaczeniu.

Związki między Górnym a Dolnym Egiptem

Historia zaczyna się od Narmera, którego identyfikuje się niekiedy z mitycznym królem Menesem, zjednoczycielem obu królestw. To on zapoczątkował pierwszą z trzydziestu jeden dynastii, jakie zasiadały na egipskim tronie do 332 roku p.n.e., kiedy to Egipt został podbity przez Aleksandra Wielkiego. „Katem, co ścina głowy... oto kim jest... A nikogo nie szczędzi..." – takie właśnie słowa można przeczytać w pewnej starej inskrypcji o królu Narmerze. Ściślej mówiąc, opisano go w ten sposób na słynnej „Palecie Narmera", płycie kamiennej o długości siedemdziesięciu czterech centymetrów, datowanej na około 3100 r. p.n.e., a odnalezionej w Hierakonopolis (starożytne Nekneb, obecnie El Kab), mieście uważanym w niegdysiejszym Górnym Egipcie za święte. Wspomniana tablica miała cha-

rakter zdobniczy. Na awersie widzimy faraona, który w jednej ręce trzyma maczugę, a drugą ciągnie wroga za włosy. Króla przedstawiono tu w stożkowatej koronie charakterystycznej dla Górnego Egiptu. Tymczasem po drugiej stronie stali, u stóp władcy korzy się wielu pokonanych w koronach właściwych dla Dolnego Egiptu.
W rzeczwistości istniały trzy rodzaje koron: Biała Korona Północy, Czerwona Korona Południa oraz Korona Podwójna, składająca się z elementów obu poprzednich i symbolizująca zjednoczenie królestw. Analogicznie gryf symbolizował Górny Egipt, a kobra – Dolny.

STARE PAŃSTWO

Początki Starego Państwa sięgają około 2700 r. p.n.e. Wielu naukowców uważa, że właśnie wtedy cywillizacja egipska przeżywała szczytowy okres swego rozwoju. Niekiedy mówi się również o Królestwie Memfiskim, albowiem stolicę kraju przeniesiono podówczas z Abydos do Memfis, które do tej pory stanowiło jedynie stolicę pierwszej prowincji Dolnego Egiptu. Był to czas tworzenia się podstaw prawa cywilnego i religijnego, pisma oraz sztuki. Pierwszym wybitnym władcą tego okresu był faraon Zoser między innych z początków trzeciej dynastii. To on właśnie zbudował piramidę w Sakkarze – jeden z najstarszych znanych murowanych monumentów starożytnego Egiptu. Zoser ustanowił urząd premiera, który kierował całą administracją, bardzo już wówczas rozbudowaną i skomplikowaną. Wiemy również, że przedsięwziął on wiele wypraw wojennych, w tym do Nubii poniżej pierwszej katarakty oraz na Synaj. Następną, IV dynastię, zapoczątkował Snefru, twórca nowego typu piramidy o idealnie gładkiej powierzchni. Pomimo wybitnych osiągnięć w dziedzinie architektury władca ten ustępuje trzem swoim następcom z tejże dynastii: Cheopsowi, Chefrenowi oraz Mykerinosowi – budowniczym słynnego kompleksu w Gizie. Niestety, wiemy o nich bardzo mało, tylko tyle że Cheops zorganizował kilka wypraw wojennych na Synaj. V dynastia wywodzi się z miasta Heliopolis i dlatego nazywana jest Dynastią Heliopolitańską. O trzech pierwszych faraonach z tej dynastii powiada się, że zostali poczęci przez żonę kapłana boga Ra z samym bogiem. Od tej pory każdy faraon nosił rzecz jasna przydomek „Syn Ra". Z tego okresu pochodzą słynne „Teksty piramid". Przetrwały też świadectwa o wielu nowych wyprawach wojennych – do Azji i Libii. Najwybitniejszą postacią ostatniej dynastii Starego Państwa był Pepi II, który wstąpił na tron jako sześciolatek i pozostał na nim przez dziewięćdziesiąt cztery lata. Było to najdłuższe panowanie jednego władcy w historii Egiptu. Pod koniec VI dynastii władza centralna ulega jednak osłabieniu. Państwo rozpada się praktycznie na wiele dzielnic, gdzie rządy sprawują gubernatorzy prowincji albo feudalni książęta, nie licząc się zupełnie z wolą faraona. Czasy te określa się jako Pierwszy Okres Przejściowy – czyli okres, w którym Egipt przeżywał długie i mroczne lata anarchii i zacofania. Trwało to od około 2180 roku p.n.e. za panowania VII dynastii do około roku 2130 p.n.e. w początkach XI.

ŚREDNIE PAŃSTWO

O Średnim Państwie można mówić wraz z końcem XI dynastii, od około 2060 roku p.n.e., kiedy to faraon Montuhotep I odzyskał z pomocą egipskiej „klasy średniej" kontrolę nad Dolnym Egiptem. Za panowania jego następców Montuhotepa II i Montuhotepa III rozwija się handel, otwiera się nowy szlak handlowy poprzez Morze Czerwone, wzrasta ekspansja w kierunku Nubii.
Początki panowania XII dynastii przypadają na około 2000 rok p.n.e., a stała się ona jedną z najznakomitszych i najbardziej znaczących w historii Egiptu. Pierwszym faraonem z tej dynastii był Amenemhat I, który ustanowił kult Amona, od tej pory głównego bóstwa kraju. Władca ten okazał się bardzo zdolnym administratorem i pod jego panowaniem Egipt przeżywał wielki rozkwit. Rozszerzył on granice swego państwa do samego serca Nubii, aż po Korosko, pokonał również Libijczyków. Po nim na tron

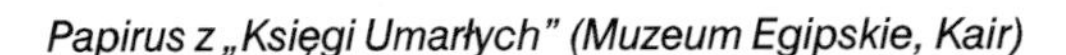

Papirus z „Księgi Umarłych" (Muzeum Egipskie, Kair)

Ceremonia ważenia serc

wstąpił jego syn Sesostris I, który zawojował kopalnie złota w Wadi Allaki. W celu zapewnienia ciągłości dynastycznej Sesostris I jeszcze za życia wyznaczył na swego następcę najstarszego syna, co stało się odtąd ścisle przestrzeganym zwyczajem. Niewiele dokumentów przetrwało z czasów panowania dalszych królów – Amenemhata II oraz Sesostrisa II, ale wiemy co nieco ze źródeł fenickich. Wspominają one o nawodnieniu dużego obszaru wokół Fejjrum i o tym, że faraon Amenemhat III zbudował wspaniałą rezydencję, tak wielką i o tak skomplikowanym układzie architektonicznym, iż Grecy nazwali ją „Labiryntem". Jego następca Sesostris III był jednym z czołowych egipskich władców. W wyniku czterech kampanii wojennych podbił on Nubię, doszedł aż do Palestyny i zbudował ogromną ilość fortów wzdłuż granicy z Sudanem. W tym okresie daje się również zauważyć znaczny rozwój kultury, czego dowodzą takie zabytki, jak „Księga dwojga żywotów" oraz „Nauki Amenemhata".
Wraz z XII dynastią kończy się Państwo Średnie. Następuje po nim tak zwany Drugi Okres Przejściowy, który wciąż pozostaje niejasny i kryje w sobie wiele tajemnic. Dochodzi wówczas do inwazji ludów semickich, podążających ze Wschodu w kierunku Delty. Kapłan Manethon z Sebennytos, który napisał po grecku pierwszy podręcznik historii Egiptu, zatytułowany „Ajgyptiaka", nazywa ich „Hyksosami", co jest zniekształconym słowem egipskim „Hekachasut", oznaczającym „wodzów obcych krain". Hyksosowie wtargnęli na żyzne równiny Delty, ufortyfikowali miasto Awaris i uczynili z niego swoją stolicę. Nie należy dziwić się zwycięstwu Hyksosów nad Egipcjanami. Sprzyjały mu zarówno przewaga militarna napastników, jak też niezwykłe osłabienie władzy centralnej u Egipcjan. Przybysze wprowadzili narzędzia żelazne, konie i rydwany bojowe, nieznane przedtem obrońcom. Później wszakże już zadomowieni hyksoscy książęta zjednoczyli wokół siebie inne dynastie Górnego Egiptu i przepędzili armię okupacyjną. Rekonkwista zakończyła się sukcesem około 1622 roku p.n.e. za sprawą Ahmosa, założyciela XVIII dynastii, który ścigał wroga aż do Południowej Palestyny i który ponownie zjednoczył Egipt pod swoimi rządami.

Posąg Echnatona (Muzeum Egipskie, Kair)

NOWE PAŃSTWO

Nowe Państwo, którego początki datuje się na około 1580 rok p.n.e., charakteryzuje się niespotykanym triumfem egipskiej armii w całym ówczesnym cywilizowanym świecie, jak rozkwitem kultury i sztuki. Teby wciąż pozostawały stolicą, a kapłani boga Amona osiągnęli niewyobrażalne dotąd wpływy. Bezpośredni następcy Ahmosa Tutmozis I i Tutmozis II poświęcili się głównie wyprawom wojennym i podbojom. Natomiast królowa Hatszepsut mniej interesowała się wojną. Ogłosiła się regentką po odsunięciu od tronu swego bratanka Tutmozisa III i panowała niepodzielnie przez dwadzieścia dwa lata, przywdziewając przy okazji wszelkich uroczystości państwowych męskie szaty oraz brodę. Jej panowanie, bardzo spokojne dzięki wstrzymaniu wszelkich działań wojennych, sprzyjało wzmożonej aktywności w dziedzinie artystycznej, zwłaszcza w architekturze, czego wyrazem stała się budowa mistrzowskiej pod względem formalnym nekropolii w Deir el-Bahari. Po śmierci swojej ciotki Tutmozis III ponownie objął tron, a jej imię jako uzurpatorki rozkazał wymazać ze wszystkich monumentów oraz inskrypcji. Trzydzieści cztery lata panowania Tutmozisa III to w dziejach Egiptu okres sławy i chwały. Dzięki siedemnastu wyprawom do Azji władca ten ostatecznie rozgromił Mitannów. Znane są jego zwycięstwa pod Megiddo, Karchemiszem i Kadeszem. Pod koniec swego panowania Tutmozis III dotarł do czwartej katarakty, dzięki czemu granice Egiptu rozciągały się od Napaty w Nubii (obecnie Gebel Barkal) do Eufratu. W 1372 r.p.n.e. na tron wstąpił Amenhotep IV. Przeszedł on do historii jako król-poeta oraz jako heretyk czy też schizmatyk. Chcąc ukrócić wszechwładzę kapłanów boga Amona, którzy tworzyli prawdziwe państwo w państwie, zastąpił kult Amona kultem Atona – słonecznego dysku. Nowa wiara odrzucała wszelkie stworzone przez człowieka wizerunki boga, toteż świątynie zamknięto, a stan kapłaski rozproszono. Władca opuścił również Teby i założył nową stolicę o nazwie Achetaton, co oznacza „horyzont Atona". Dzisiaj jest to Tell el-Amarna. Jego ostatnim posunięciem była zmiana własnego imienia z Amenhotepa („radość Amona") na Echnatona („to cieszy Atona").

Niestety, reforma religijna nie przeżyła swego twórcy. Koronę odziedziczył bardzo młody Tutenaton. Nowy faraon pod wpływem siostry i zarazem żony Echnatona, pięknej Nefertiti (inaczej: Nefretete), której imię oznacza „nadchodząca piękność", wkrótce powrócił do Teb, przywrócił kult Amona i zmienił swoje imię na Tutenchamon. Ów władca, który zmarł w tajemniczych okolicznościach mając zaledwie osiemnaście lat, przeszedł do historii głównie z racji fascynującej przygody związanej z odkryciem jego grobowca przez Howarda Cartera w 1922 roku. W następnych latach Egipt po raz kolejny popada w stan anarchii, przez co wkrótce do władzy dochodzi wojsko. Władcy, wywodzący się z armii to: Horemheb, Ramzes I, będący, jakbyśmy dziś powiedzieli, zawodowym żołnierzem, Seti I, który kontynuowal politykę podboju na Wschodzie, i wreszcie Ramzes II, zwany Wielkim, który zaangażował wszystkie siły w pokonanie Hetytów. Ekspansja na Wschód zakończyła się dopiero po bitwie pod Kadeszem, wielkim starciu o niejasnym przebiegu, które nie wyłoniło ani zwycięzców, ani pokonanych. W ciągu siedemdziesięciu siedmiu lat swego panowania Ramzes II lubował się w budowie licznych, świadczących o jego potędze, obiektów. Za jego rządów powstały między innymi kompleksy w Abu Simbel, Karnaku i Luksorze. Po śmierci Ramzesa tron objął jego syn Mineptah. Wewnętrzna anarchia w połączeniu z naporem ludów indoeuropejskich u schyłku drugiego tysiąclecia przed Chrystusem na Libię, Azję i cały basen Morza Śródziemnego zniszczyła dotychczasową równowagę sił. Od roku 1085 p.n.e. mówimy o Trzecim Okresie Przejściowym, który zbiega się ze schyłkiem XXI dynastii, rządzącej ze swej stolicy w Tanis. Następna dynastia dzieliła władzę najpierw z królem Libii, a potem z królem Etiopii. Stolicę przeniesiono do Nepatatu w Sudanie. Wkrótce zaczął się okres panowania perskiego. W 524 roku p.n.e. za XVII dynastii Persowie pod wodzą Kambizesa po raz pierwszy podbili Egipt. W 332 roku p.n.e. Egipcjanie wezwali na pomoc Aleksandra Wielkiego. Macedończyka obwołano „Wyzwolicielem". Uznany przez wyrocznię w Luksorze za „Syna Boga Ra" zbudował nowe miasto – Aleksandrię, gdzie zresztą został pochowany w 323 roku p.n.e. Miasto wkrótce stało się kulturalną stolicą całego starożytnego świata. Śmierć Aleksandra oznacza początek dynastii Lagidów, zwanych także Ptolemeuszami, oraz silną hellenizację kraju. W ciągu ostatnich dwóch stuleci przed Chrystusem Egipt słabł coraz bardziej, wkrótce staje się kolonią rzymską, a po śmierci Teodozjusza w 595 r.n.e. częścią Cesarstwa Bizantyjskiego.

Scena z życia rodzinnego, detal (Dolina Robotników, Grobowiec Inherchy)

LUDNOŚĆ STAROŻYTNEGO EGIPTU

Faraon
Egipt był zawsze monarchią absolutną. Króla, zwanego faraonem, uważano za żyjącego na ziemi boga, który po ziemskiej śmierci powraca do swego świata, aby połączyć się z innymi bóstwami. Nosił on tytuł „Dziecka Słońca" i na przestrzeni całych dziejów Egiptu skupiał w swoim ręku władzę religijną, polityczną i wojskową. Wspomagał go, używając dzisiejszych określeń, premier, który kierował całokształtem władzy wykonawczej. Samo słowo „faraon" jest greckim zniekształceniem egipskiego wyrazu, oznaczającego pałac królewski. Dopiero w Nowym Państwie, mniej więcej od 1580 roku p.n.e., słowo „faraon" stało się określeniem samej osoby władcy.

Stosunki społeczne oraz podział administracyjny
Ludność Egiptu dzieliła się na klasy, z których największym poważaniem cieszył się stan kapłański, związany z kultem świątyń. Bogate i bardzo wpływowe kapłaństwo było zwolnione od podatków i utrzymywało się na koszt swojej świątyni. Pozostałe klasy to: stan szlachecki, rekrutujący się spośród wyższych urzędników w hierarchii religijnej, administracji państwowej, w zarządach poszczególnych prowincji, spośród skrybów i cywilnej służby administracji królewskiej; oraz lud jako taki, składający się przede wszystkim z chłopów i rzemieślników.

Rolnictwo
Od niepamiętnych czasów Egipt był krajem rolniczym. Dojrzewały tu owoce, rośliny strączkowe, len, a przede wszystkim zboża, zwłaszcza pszenica i proso, które eksportowano w ogromnych ilościach. Jak można stwierdzić na podstawie malowideł z różnych okresów, ukazujących pracę w polu, narzędzia, jakich używano, niewiele odbiegają od tych stosowanych dzisiaj.

Rzemiosło i handel
Egipcjane mieli znaczne osiągnięcia w handlu, a także w rzemiośle, i to artystycznym. Ogromna liczba przedmiotów

Załoga barki słońca (Dolina Robotników)

znalezionych w grobowcach jest dowodem na to, że byli oni prawdziwymi mistrzami w obróbce złota, srebra, miedzi oraz że odznaczali się rzadkim kunsztem w szlifowaniu kamieni szlachetnych. Zwłaszcza w tej ostatniej dziedzinie osiągnęli nieprawdopodobny wręcz stopień doskonałości. Specjalizowali się przede wszystkim w sztuce jubilerskiej (pierścionki, bransolety, wisiory, kolczyki), która to sztuka kilkakrotnie – za IV, XII, XVIII oraz XX dynastii – znalazła się w swym apogeum. Oprócz tego Egipcjanie wytwarzali z pozornie prostych surowców wspaniałe i niepowtarzalne tkaniny, tworzyli ceramikę, szkło, wyroby emaliowane. Nie znali pieniędzy. Z Nubijczykami wymieniali produkty rolnicze i przemysłowe, takie jak: pszenica i cebula, broń i klejnoty, na drewno i skóry, złoto i kość słoniową. Przyprawy i pachnidła pochodziły z Arabii, a od Fenicjan importowali statki z drewna cedrowego. Od XVIII dynastii Egipcjanie ustanowili trwałe stosunki handlowe z państwami w dorzeczu Eufratu oraz z wyspami wschodniej części Morza Śródziemnego. Na przykład Cypr zaopatrywał ich w miedź.

Nauka

Zgodnie z naukami kapłanów, człowiek uzyskał wiedzę z rąk boga Thota, boga Księżyca, zwanego również z grecka Hermesem Trismegistusem, co należy tłumaczyć „po trzykroć wielki". Wszelkie instytucje świeckie podlegały w starożytnym Egipcie innemu Hermesowi. Jako wynalazca pisma, Thot (albo ten drugi Hermes?) napisał wszystkie swoje dzieła z inspiracji Najwyższego Boga.

Starożytni Egipcjanie byli bardzo zaawansowani w astronomii. Już od najdawniejszych czasów dzięki obserwacji ruchów ciał niebieskich obliczyli rok astronomiczny, który dzielił się na trzy pory, po cztery miesiące każda, odpowiadające warunkom klimatyczno-rolniczym kraju. Były to: pora wylewów, pora siewu oraz pora żniw. Do trzystu sześćdziesięciu wyliczonych w ten sposób dni dodawano pięć dni dodatkowych, zwanych „epagomeni", które traktowano jako najważniejsze święta w roku.

Co się tyczy medycyny, to była ona ściśle związana z magią. Do naszych dni przetrwało wiele różnorodnych tekstów medycznych z dziedziny ginekologii, chirurgii i farmakologii, zawierające recepty i opisy wielu środków leczniczych.

Egipscy lekarze – bez wątpienia – znali się na terapeutycznych właściwościach wielu ziół. Z drugiej strony wykazywali się słabą znajomością anatomii, co jest tym bardziej zdumiewające, że powszechnie przecież w tym kraju praktykowano mumifikację zwłok. Powodów takiego stanu rzeczy należy chyba szukać w wierzeniach religijnych, które traktowały ciało ludzkie jako coś świętego.

RELIGIA EGIPTU

Niemal nieograniczona różnorodność w sposobach przedstawiania licznych bóstw, charakterystyczna dla zabytków starożytnego Egiptu, prowadziła do kolosalnych nieporozumień na temat religii dawnych Egipcjan. Sądzi się powszechnie, że była politeistyczna, gdy w rzeczywistości, jak wszystkie wielkie religie, miała ona charakter monoteistyczny. Dzisiaj naukowcy zgadzają się, że wielu bożków znajdywanych w egipskich świątyniach stanowi jedynie plastyczne przedstawienie poszczególnych atrybutów Istoty Najwyższej, Boga Jedynego. Takie uosobienie wybranej cechy stawało się przedmiotem kultu, podtrzymywanego przez kapłanów – owych wtajemniczonych i mędrców danego sanktuarium. Na szczycie bowiem egipskiego panteonu stoi Bóg, który jest jedyny, nieśmiertelny, niestworzony, niewidzialny i ukryty w niedostępnych otchłaniach własnego Bytu. Zrodzony przez siebie samego w wieczności skupia w sobie wszystkie boskie przymioty. W Egipcie otaczano kultem nie bożków, lecz – pod postacią tego czy innego bóstwa – czczono ukrytego Boga, który nie miał ani nazwy, ani kształtu. Dominowała jednak idea, że Bóg jest jeden, pierwotny i odwieczny.

Egipscy kapłani określali go następująco: „On, który został zrodzony z siebie, Pan wszystkiego, co żyje, Ojciec ojców, Matka matek". Mówili również: „Z Niego wywodzi się istota wszystkich innych bogów". Oraz: „To z Jego woli świeci słońce, ziemia wyłania się z firmamentu, a całym stworzeniem rządzi harmonia". Niemniej, aby uczynić wiarę w Jedynego Boga bardziej zrozumiałą dla prostych Egipcjan, kapłani wyrażali poszczególne jego atrybuty i role zręcznymi i równocześnie bardziej przystępnymi symbolami. Najdoskonalszym wizerunkiem Boga było słońce z jego podstawowymi atrybutami: kształtem, światłem i ciepłem. Duszę słońca nazywano Amonem lub Amo-

Bogini Chnum przedstawia klęczącego faraona Amonowi (Abydos – Świątynia Setiego)

nem-Ra, co oznacza „ukryte słońce". Jest on ojcem życia, a pozostali bogowie są jedynie poszczególnymi elementami z jego ciała. Teraz możemy przedstawić słynne egipskie triady. Jak powiadają znawcy tej starożytnej teogonii, Najwyższy, Stwórca wszechświata, jest jedyny w swej istocie, ale nie w osobie. Nie rodzi z siebie, lecz w sobie. Jest równocześnie i Ojcem, i Matką, i Synem Bożym, nie odrywając się od Boga. Owe trzy osoby stanowią „Boga w Bogu" i wcale nie podważają jedności boskiej natury, pogłębiają tylko jej doskonałość. Ojciec reprezentuje siłę tworzenia, podczas gdy Syn pogłębia i ukazuje Jego wieczyste atrybuty.

Każda egipska prowincja miała swoją własną trójcę. I chociaż wszystkie one były wzajemnie powiązane, rozbicie to okazało się bardziej ryzykowne dla boskiej jedności niż rozczłonkowanie kraju na prowincje dla jednolitości państwa i niepodzielności władzy centralnej. Za najważniejszą trójcę uważano tę z Abydos. Składała się ona z Ozyrysa, Izydy i Horusa. Była najbardziej popularna i czczona w całym Egipcie, ponieważ Ozyrysa utożsamiano z Dobrem i dlatego nazywano go po prostu „Dobrym Bogiem". Trójca w Memfis to: Ptah, Sachmet i Nefer-Tum; w Tebach królowali: Amon, Mut i Chonsu. Dogmat o trójcy nie był jedynym, jaki Egipt zachował z pierwotnego objawienia. W świętych księgach Egiptu odnajdujemy pojęcia: grzechu pierworodnego, obietnicy odkupienia, przyszły upadek ludzkości i ostateczne zmartwychwstanie ciała. Każda zmiana dynastii powodowała rewolucję monoteistyczną, lecz pojęcie Istoty Najwyższej coraz bardziej rozmywało się w fetyszyzmie innych bóstw. Rewolucję religijną przeprowadzoną przez Echnatona poprzedzała reforma Menesa, nie wspominając już o tej dokonanej przez Ozyrysa w piątym tysiącleciu przed Chrystusem. Bowiem według niektórych historyków właśnie za panowania Ozyrysa, króla Teb (4200 p.n.e.), dokonano kompleksowej reformy religijnej.

Król ten, najzacniejszy spośród wszystkich, osiągnął niemałe sukcesy w zaszczepianiu na szeroką skalę monoteizmu. Równocześnie był to ten sam Ozyrys, który miał rzekomo sprawować sądy nad duszami zmarłych.

Zgodnie z rytuałem „psychostatis" (co oznacza „ważenie dusz", czyli ceremonię ostatecznego sądu nad umarłymi) dusza zmarłej osoby płynęła świętą barką poprzez wody Pól Elizejskich. Podczas swej podróży barka wnosiła trochę światła w krainy zamieszkane przez potępione dusze, które drżały ze szczęścia na widok tej odrobiny słońca, jaka była im teraz zakazana. Barka płynęła dalej, a kiedy minęłą nieco jaśniejszą strefę, odpowiadającą w mniejszym lub większym stopniu naszemu czyśćcowi, docierała na dwór Ozyrysa i jego czterdziestu dwóch pomocników. Na jednej szali składano serce zmarłego, a na drugiej pióro – symbol bogini Maat. Jeśli zmarły uczynił w swym życiu więcej dobrego niż złego, stawał się jednym z „głosów prawdy", a tym samym scalał się z mistycznym ciałem boga Ozyrysa. Jeśli było inaczej, serce zmarłego pożerało zwierzę z głową krokodyla i ciałem hipopotama, a zmarły tracił szansę istnienia w Innym Świecie. Natomiast dusze „ułaskawione" przenosiły się do Jalu, czyli Pól Elizejskich.

BOGOWIE I BOGINI

STAROŻYTNEGO EGIPTU

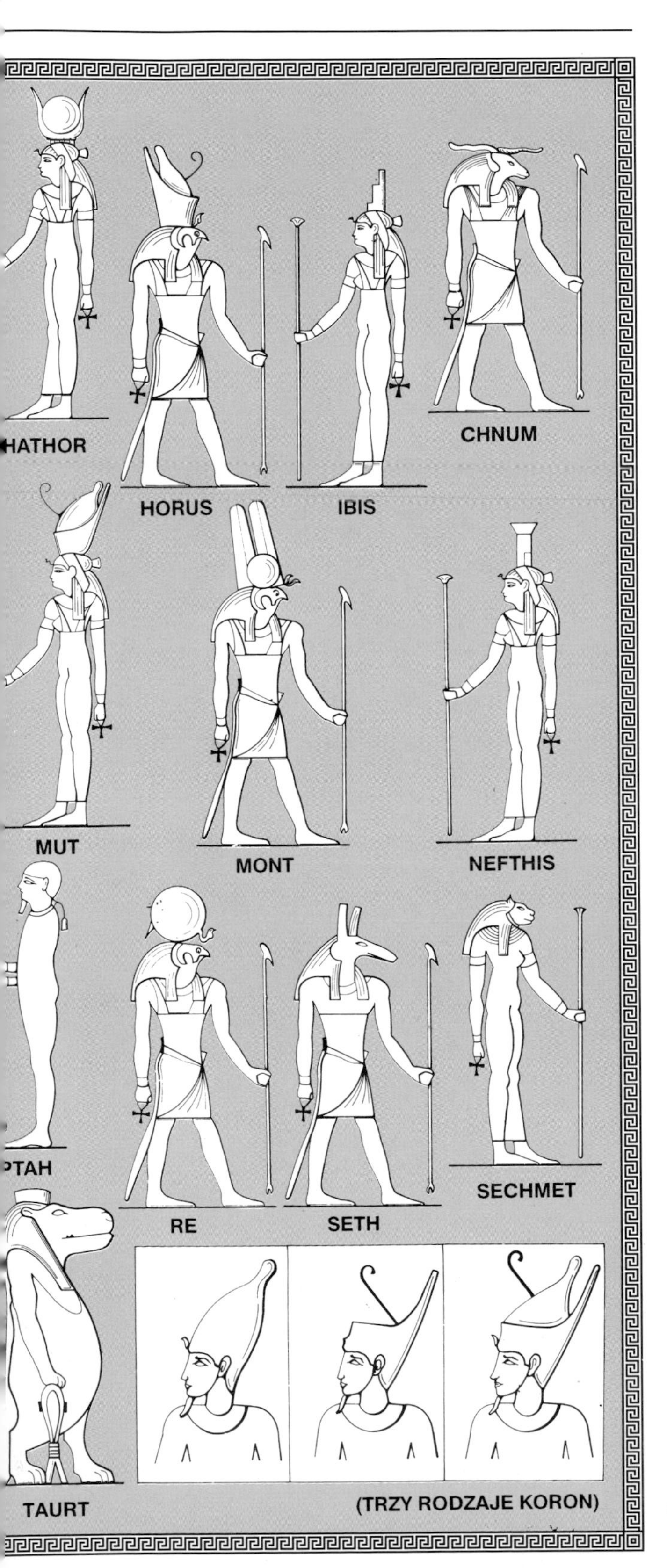

Niejeden spyta teraz, dlaczego zatem tak wiele przedmiotów codziennego użytku odnaleziono w piramidach i innych grobowcach?. Nie należy zapominać, że fundamentalną ideą religijną starożytnego Egiptu była wiara w ciągłość życia, nawet po fizycznej śmierci. I tylko ci, którzy nadal cieszą się tym, czym cieszyli się za życia, będą mogli wejść do Tamtego Świata. Stąd meble, jedzenie, napoje, służba i wszelkie przedmioty niezbędne w życiu codziennym.

ŚWIĘTE ZWIERZĘTA

Dla nas monoteizm starożytnego Egiptu ma wszystkie cechy fetyszyzmu. Niemniej należy pamiętać, że niezliczone bóstwa egipskiego panteonu są niczym innym, jak tylko personifikacją poszczególnych ról Istoty Najwyższej, różnorodnymi obrazami wieczystych aspektow boskości. Tylko w takim ujęciu należy rozumieć kulty słońca, ziemi czy nawet niektórych zwierząt, z jakimi spotykamy się w różnych prowincjach Egiptu. Ponadto dopiero w stosunkowo późnym okresie egipscy bogowie przybrali ludzką postać, początkowo wcielali się w rośliny i zwierzęta. Bogini Hathor zamieszkiwała drzewo sykamorowe, boginię Neith, która rodziła wciąż pozostając dziewicą i którą Grecy identyfikowali z Ateną, czczono pod postacią tarczy z dwoma skrzyżowanymi strzałami. Nefertum (utożsamiany z Prometeuszem) przybierał postać kwiatu lotosu.
Mimo to egipski bóg ukazywał się wiernym głównie pod postacią zwierząt. Oto kilka przykładów: Horus był jastrzębiem, Thot – ibisem. Bastet – kotką, Chnum – baranem. Równocześnie obok bóstw utożsamianych ze zwierzętami, kultem otaczano również i same zwierzęta, jeśli dysponowały pewnymi istotnymi cechami i odpowiadały tym czy innym symbolom. Jednym z przykładów takich praktyk jest niezwykle rozbudowany kult Apisa – świętego byka w Memfis. Aby mógł zostać uznany za święte zwierzę, musiał mieć ściśle określone cechy, znane tylko kapłanom. Gdy umierał jeden Apis, kapłani, po długim poście, wyruszali na poszukiwanie następnego. Musiał on wyróżniać się białą trójkątną plamą – znak na czole, znakiem w kształcie orła na szyi oraz jeszcze jednym znakiem w kształcie półksiężyca na boku. W Memfis zwierzę żyło w oborze dostępnej dla ludzi. Tutaj otrzymywało ono ofiary od wiernych i wygłaszało swoje przepowiednie. Aż do XIX dynastii każdy byk miał swoje własne miejsce pochówku. Dopiero Ramzes II utworzył dla nich specjalny wspólny grobowiec, zwany Serapeum. Ta późna nazwa powstała ze słów Osor-Apis, czyli tytułu, jaki nadawano zmarłemu i deifikowanemu Apisowi i który Grecy wymawiali jako Serphis. Na podstawie pewnej dość ścisłej wzmianki, zawartej w dziele Straboniusza, francuski archeolog Auguste Mariette zdołał odnaleźć w 1851 roku mityczne Serapeum w Sakkarze. Była to ogromna podziemna konstrukcja, składająca się z licznych komnat i prowadzącego do nich korytarza. Znajdowały się tam monolityczne sarkofagi z czerwonego granitu, wapienia lub bazaltu o ciężarze przekraczającym siedemdziesiąt ton, wypełnione mumiami świętych byków.

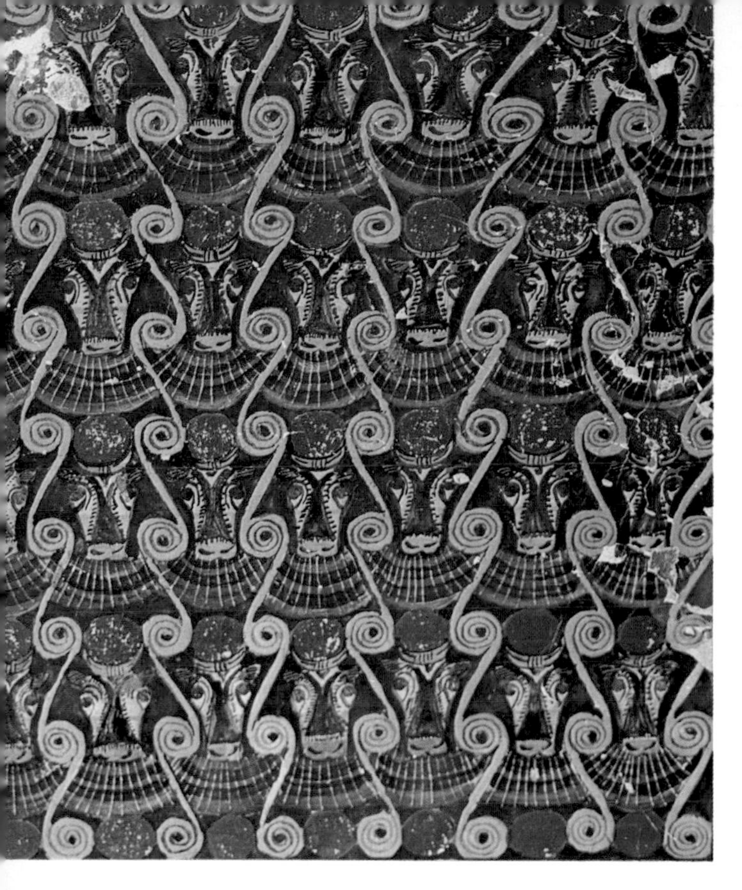

Malowidła sufitowe z symbolicznymi spiralami i wizerunkami świętego byka Apisa (detal, Dolina Robotników, Grobowiec Inherchy)

Bogini Hathor w postaci świętej krowy (Dolina Królowych, Grobowiec Thiti)

Z powodu swej przydatności dla rolnictwa, również niektóre ptaki znalazły się pośród świętych zwierząt Egiptu. W Sakkarze istnieje cmentarysko ibisów – niegdyś świętych ptaków, dzisiaj – o ironio! – wymierającego gatunku. Ibisy – to ptaki o nagiej głowie i szyi oraz o granatowoczarnych piórach skrzydeł. Za życia były poświęcone bogu Thot, którego Grecy utożsamiali z Hermesem, a po śmierci mumifikowano je i składano do glinianych waz.
W Tebach praktykowano bardzo specyficzny kult krokodyla, który żył tam całkiem oswojony, nosząc kolczyki w uszach i pierścionki na palcach. Nie wszędzie jednak cieszył się krokodyl podobną estymą. Herodot relacjonuje, że mieszkańcy Elefantyny i jej okolic nie uważali krokodyla za świętość i nie mieli jakichkolwiek skrupułów wobec zjadania tego gada!
Kot także odgrywał dużą rolę w egipskiej religii. Kotkę poświęcano bogini Bastet i utożsamiano z dobroczynnym ciepłem słońca. Jej kult szerzył się głównie w Dolnym Egipcie oraz w mieście Bubaste (dzisiejsze Zigazag), które wzięło swoją nazwę od sanktuarium poświęconego tej bogini. Kota uważano za taką świętość, że każdego, kto by go zabił, nawet niechcący, skazywano na śmierć. Mnóstwo zabalsamowanych kotów odnaleziono w Beni Hassan.

NIEŚMIERTELNOŚĆ DUSZY

Wszystkie księgi dotyczące życia pozagrobowego wskazują, że wiara w nieśmiertelność duszy była fundamentalnym dogmatem wierzeń starożytnych Egipcjan. Piramidy, mastaby i grobowce miały służyć jako dom dla dusz zmarłych. Słowo „Ka" oznacza uniwersalnego ducha, który ożywia całość istnienia w postaci cielesnej.
Po śmierci ciała dusza obejmuje mumię, staje się jej „Ka" aż do czasu, gdy duch przeistoczy się w „ducha astralnego", a „Ka" i „Ba" (boska iskra, jeden z duchowych elementów każdej osoby) staną się jednością, łącząc się poprzez sznur Ozyrysa z najwyższym duchem i tworząc z nim uniwersum. Liczne freski mówiące o nieśmiertlności duszy i inne sceny religijne odnaleziono w murowanych budowlach, jakie zamieszkiwali po śmierci faraonowie. We wszystkich świątyniach grobowcowych, jak też w samych grobowcach, uwidoczniono sceny symbolizujące trwanie zmarłych na tamtym świecie, żywot wieczny. Z tego właśnie powodu nazywano je „domami wieczności". „Anch", czyli tajemnica istnienia, symbolizowała również życie, które ma dopiero nadejść, wraz z jego trzema atrybutami: ciszą, szczęściem i spokojem.

PRAKTYKI POGRZEBOWE. MUMIFIKACJA

Sztuka balsamowania ciał oraz przekształcania ich w mumie pochodziła, jak wierzono, od Horusa, syna Ozyrysa i Izydy.
Termin „mumia" wywodzi się z arabskiego „mumijja", które to słowo – zgodnie z przekazem dwunastowiecznego podróżnika arabskiego Abd el-Latifa – oznaczało bitumen albo mieszaninę żywicy z mirrą, surowiec powszechnie stosowany jako konserwant i stanowiący nieprzerwanie ważny przedmiot handlu nie tylko w starożytności, ale i w średniowiecznej Europie. Należy podkreślić, że starannie rozróżniano pojęcia naturalnych i sztucznych mumii, przy czym ta pierwsza kategoria odnosiła się do ciał pozostających w nienaruszonym stanie bez jakichkolwiek zabiegów. Nawet dzisiaj wierzy się, że tak spektakularne efekty w dziedzinie konserwacji egipskich mumii należy w większym stopniu przypisywać wyjątkowo suchemu klimatowi tego kraju z jego absolutnym brakiem jakichkolwiek bakterii w powietrzu i w piasku, niż samemu procesowi balsamowania. Dzięki licznym dobrze zachowanym płaskorzeźbom i malowidłom z grobowców mamy całkiem niezłe wyobrażenie o przebiegu pogrzebów w starożytnym Egipcie. Procesję pogrzebową otwierała grupa niewolników niosąca ofiary i przedmioty należące do zmarłego. Jeśli był on rycerzem, znalazłaby się tam broń, jeśli zaś był właścicielem ziemskim – narzędzia rolnicze. Następnie podążał korowód zawodowych płaczek, zanoszących się przeraźliwym szlochem, wyrywających sobie włosy z głowy i wyśpiewujących pieśni pogrzebowe. Wreszcie za mistrzem ceremonii i kapłanem podążał katafalk w kształcie słonecznej barki, zamontowanej na saniach ciągnionych przez kilka byków. Za nim szła rodzina, przyjaciele, krewni i powinowaci, wszyscy ubrani w szaty żałobne, płaczący i lamentujący.

Anubis pochylający się nad mumią (Dolina Robotników, Grobowiec Sennedżena)

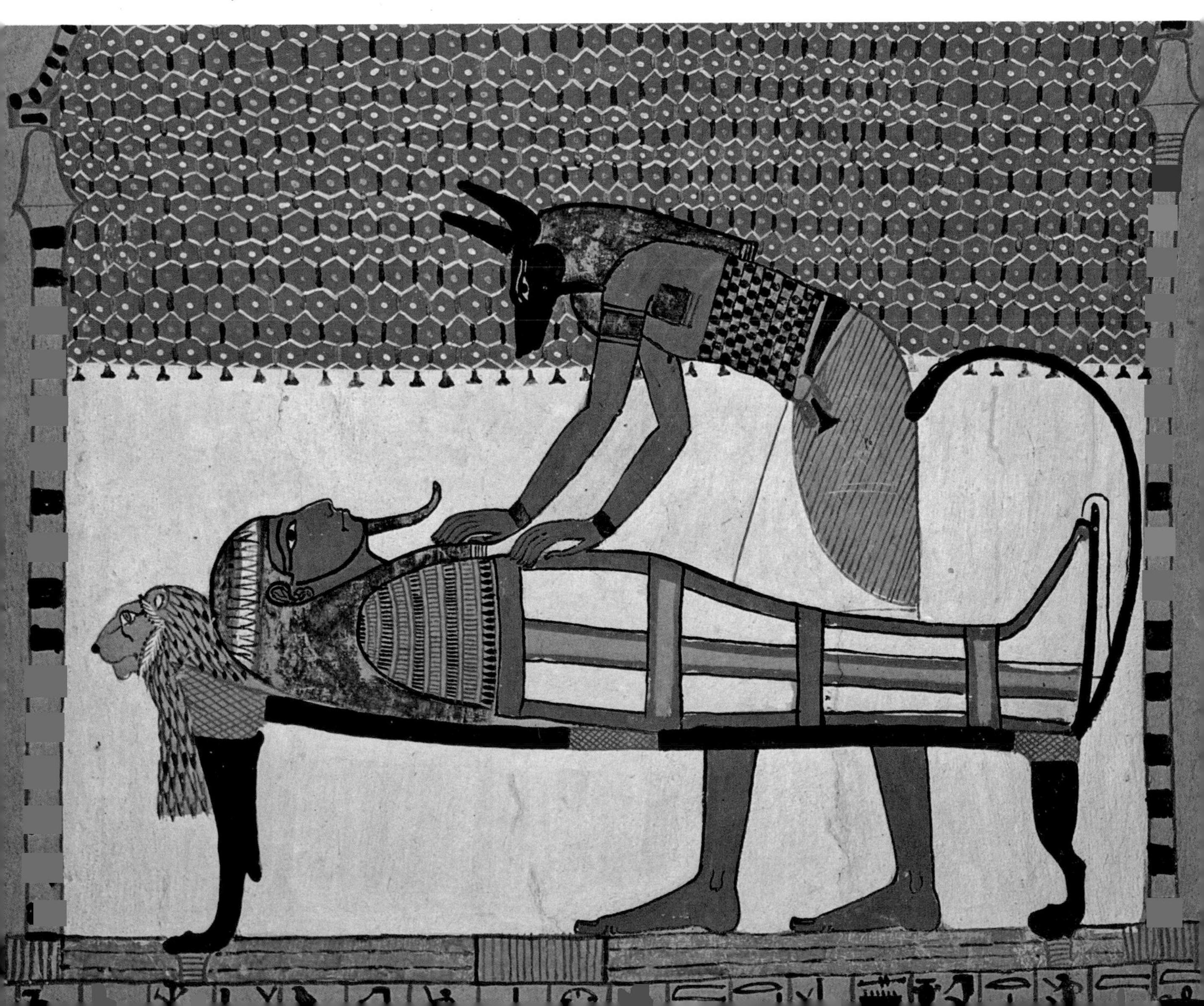

Na samym końcu procesji wlokła się jeszcze grupa kobiet sławiąca w formie śpiewanej zasługi zmarłego. Wzdłuż całej trasy przemarszu gromadzili się gapie i ciekawscy. Jeśli cmentarz znajdował się po drugiej stronie Nilu, procesja przeprawiała się przez rzekę, katafalk ponownie ustawiano na saniach, a przemieszane grupki uczestników ceremonii znowu ustawiały się w poprzednim szyku. Wreszcie przed wejściem do grobowca wręczano mumii ofiary i następowało ostateczne pożegnanie z rodziną i przyjaciółmi. W tym miejscu nastawał czas „ceremonii otwierania oczu i ust", dzięki której zmarła osoba miała odzyskiwać w nich zmysły, po czym mumię składano w grobowcu.
Teraz zaś prześledźmy, w jaki sposób mumifikowano ciało. Otóż przekazywano je specjalistom, którzy zajmowali się balsamowaniem zwłok. Pierwszą czynnością było wyjęcie poprzez nozdrza mózgu. Robiono to z pomocą zakrzywionego haka. Jamę mózgową wypełniano następnie substancją składającą się głównie z płynnej żywicy, która stygnąc twardnieje. Potem wyjmowano prawdziwe oczy i zastępowano je porcelanowymi. Później ostrym kamieniem wykonywano nacięcie po lewej stronie tułowia i wyciągano wszystkie organy wewnętrzne, które poddawano obróbce w gotującej się żywicy. Podobnie postępowano z mózgiem i wątrobą. Wszystkie wnętrzności przechowywano w czterech tak zwanych naczyniach sferycznych, wykonanych z gliny, wapienia lub alabastru, w niektórych przypadkach z kamieni lub metali szlachetnych, w zależności od statusu zmarłego. Owe dzbany, umieszczane potem w skrzyniach u boku mumii, miały pokrywki, na których widniały wyobrażenia różnych głów: człowieka, szakala, jastrzębia lub małpy o psim pysku. Jamy po usuniętym żołądku i kiszkach starannie przemywano winem palmowym, osuszano sproszkowaną mieszaniną ziół aromatycznych, aż wreszcie wypełniano mirrą lub perfumowanymi trocinami. W ten sposób przygotowane zwłoki umieszczano w roztworze węglanu sodu i pozostawiano na siedemdziesiąt dni. Po tym terminie ciało wraz ze wszystkimi muskułami kompletnie się rozpuszczało i wypłukiwało. Nie zostawało nic oprócz skóry, przyklejonej do kości. Mężczyznom krótko obcinano włosy, podczas gdy kobietom pozostawiano je w całej okazałości.
Teraz przystępowano do bandażowania. Wąskie paski tkaniny nasączonej żywicą okręcano wokół każdego palca, potem wokół dłoni, aż wreszcie wokół całego ramienia. Taką samą procedurę powtarzano w odniesieniu do wszystkich kończyn. Głowę traktowano z jeszcze większa dbałością. Materiał, który miał mieć bezpośredni kontakt ze skórą, przypominał gatunkowo muślin. Twarz pokrywano kilkoma warstwami tej tkaniny. Sklejały się one w stopniu tak doskonałym, że – zdjęte jako jedna całość – mogły stanowić formę do wykonania odlewu z twarzy zmarłego. Potem w ten sam sposób okręcano całe ciało. Wreszcie układano je w pozycji wyprostowanej z ramionami skrzyżowanymi na piersi albo wyciągniętymi wzdłuż boków. Ciała faraonów umieszczano w złotych rzeźbionych futerałach, które odtwarzały wygląd zewnętrzny zmarłego. Stan zachowania mumii w egipskich muzeach w Kairze i Aleksandrii, jak też w muzeach zagranicznych, jest doskonały. Najstarszą znaną mumią jest mumia Sekkeram-Saefa, syna faraona Pepi I z IV dynastii. Odkryto ją w Sakkarze w pobliżu Memfis w 1881 r. Obecnie przechowuje ją Muzeum Kairskie. Wielka sztuka mistrzów balsamowania umożliwiła nam po wiekach ujrzenie wielkich faraonów Egiptu.
W wysuszonej głowie Mernefty, o którym sądzi się, że panował w czasach żydowskiego Exodusu, wciąż możemy rozpoznać charakterystyczny dla jego rodziny nos, jak też równie krzaczaste co dawniej brwi.
Natomiast prześwietlenie mumii Ramzesa II promieniami rentgenowskimi wykazało, że niewątpliwie miał on kłopoty z zębami.

Podróż zmarłych do Abydos (detal, Dolina Notabli, Grobowiec Kikiego)

Przykład papirusu przechowywanego w British Museum, Londyn

PISMO HIEROGLIFICZNE

Od niepamiętnych czasów wszystkich fascynowało odszyfrowanie tajemniczego pisma egipskiego. Aż wreszcie w 1799 r. kapitan Bouchard z armii francuskiej doglądając prac nad budową umocnień w Forcie Świętego Juliana, usytuowanego w odległści około czterech kilometrów od miasta Rosetta, ujrzał, jak jego robotnicy odnaleźli kamień, któremu sądzone było odegranie wielkiej roli w historii archeologii. Tak odkryto słynny „Kamień z Rosetty", który umożliwił odszyfrowanie hieroglifów.

W wyniku działań wojennych bezcenny kamień wpadł w ręce Brytyjczyków, którzy umieścili go na honorowym miejscu w British Museum. Po jednej stronie owego kamienia, a właściwie tablicy wykonanej z wyjątkowo twardego czarnego bazaltu, wyryto trójjęzyczną inskrypcję, czyli trzy teksty umieszczone jeden pod drugim. Pierwszy zapis o długości czternastu linijek sporządzono w hieroglifach. Drugi, na trzydzieści dwie linijki, zapisano demotykiem (od greckiego słowa „demos" – „lud", co oznacza typ pisma używanego przez zwykłych ludzi. Demotyk jest przeciwieństwem hieratyku – od „hieros", czyli „świętość" – którego użycie zastrzeżono dla kapłanów i uczonych). Trzecia inskrypcja na pięćdziesiąt cztery linijki była w języku greckim i stąd zrozumiała. Ostatni tekst, przetłumaczony bez jakiegokolwiek trudu, okazał się kapłańskim dekretem wydanym na cześć Ptolemeusza Epifanesa. Kończył się on poleceniem, że „ten dekret, wyryty w trzech zapisach – hieroglifami, demotykiem i greką – na tablicy z bardzo twardego kamienia, musi być umieszczony w każdej wielkiej świątyni Egiptu".

Zaszczyt odszyfrowania hieroglifów przypadł dwóm naukowcom – Anglikowi Thomasowi Youngowi oraz Francuzowi Françoisowi Champollionowi, którzy rozpoczęli pracę niemal równocześnie i których wysiłki miały zostać uwieńczone sukcesem. Niemniej Champollion ma chyba więcej prawa niż jego rywal do sławy człowieka, który odszyfrował hieroglify. To, do czego Young doszedł kierując się instynktem, Champollion osiągnął metodami naukowymi. Odniósł przy tym taki sukces, że umierając w roku 1832 zostawiał potomnym gramatykę i sporej objętości słownik języka staroegipskiego. Z czego jednak składało się owo pismo, które Grecy nazywali hieroglifami (od „hiero glyphica", co oznacza „święte pismo")? Sami Egipcjanie nazywali swoje teksty pisane „słowami od Boga". Zgodnie z tradycją ludzie nauczyli się pisać od samego boga Thota za panowania Ozyrysa. Każdy, kto potrafił zapisywać około siedmiuset znaków, oznaczających dźwięk lub przedmiot, cieszył się ogromnym szacunkiem. Imiona królów i królowych zakreślano obwódką, którą archeolodzy nazywają „cartouches". Właśnie od imion Kleopatry i Ptolemeusza, wyrytych wewnątrz własnych „cartouches" na „Kamieniu z Rosetty", rozpoczął Champollion swoją długą pracę nad rozszyfrowywaniem

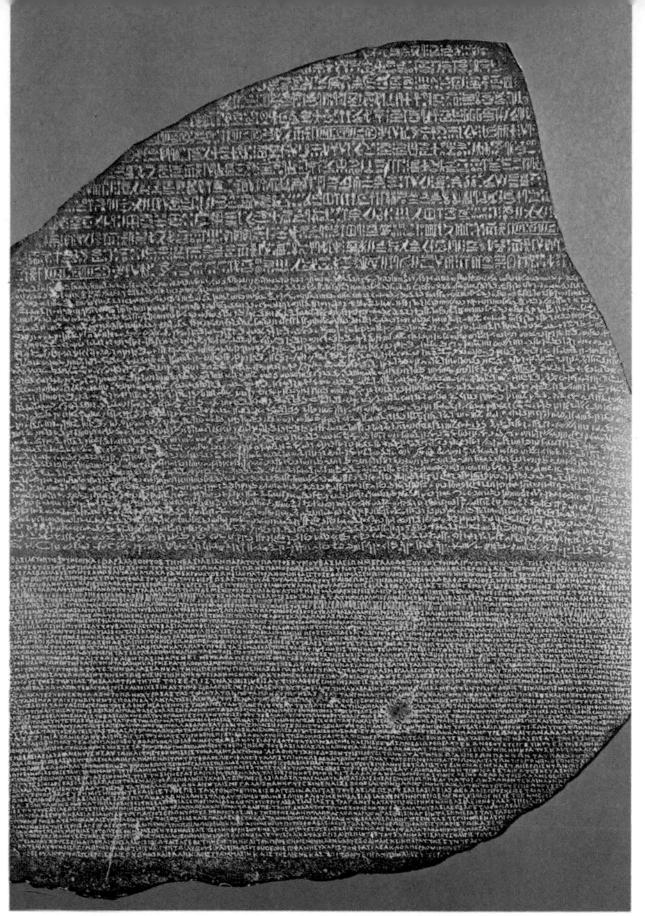

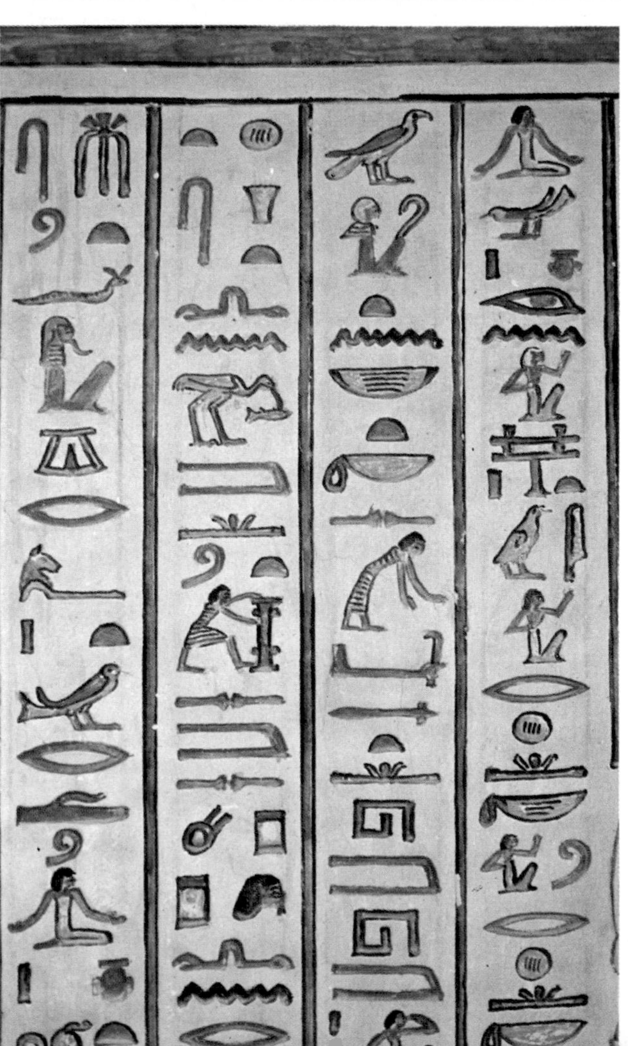

hieroglifów. Starożytni Egipcjanie albo wykuwali swoje hieroglify na kamiennych płaskorzeźbach świątyń, albo malowali je na ścianach komnat grzebalnych, albo wypisywali czcinowym piórem na zwojach papirusu, poprzednika naszego papieru.
Czym jest papirus? Papirus – to roślina wieloletnia, z gatunku trzcin, o łodydze od dwóch do pięciu metrów długości, zakończonej parasolowatym kwiatem. Białą gąbczastą zawartość łodygi cięto na cienkie płaty, które rozkładano na gładkiej powierzchni i skłuwano razem na końcach. Następnie nakładano na to drugą warstwę, pod kątem prostym w stosunku do poprzedniej, całość nasączano wodą, po czym suszono w słońcu. Tak powstawała kartka, którą prasowano, a potem ścierano, aby stała się cieńsza. Kilka połączonych ze sobą płacht tworzyło długą wstęgę zwijaną w rolkę. Zapis na papirusie grupowano w kolumny.

NIL

Nil liczy sobie sześć i pół tysiąca kilometrów długości od źródeł w Wielkich Jeziorach Afrykańskich po ujście do Morza Śródziemnego. Jego początków nie znano aż do końca XIX wieku. Dzisiaj ustalono, że zaczyna się on rzeką Niawarongo, dopływem innej rzeki, która wpada do Jeziora Wiktoria.
Nil zmierza ku północy przez rozległe sawanny z ich lasami i bagnami, zanim połączy się z lewej z wodami Bahr Ghazzal, wypływającymi z Darfuru i Konga, oraz z prawej z rzeką Sobat, zwaną także Niebieskim Nilem (lub Bahr el-Azrak), i z rzeką Atbarą, spływającą z wyżyn Abisynii. Potem Nil pokonuje wapienną krawędź Sahary z kataraktami, by wreszcie płynąć spokojnie ku Morzu Śródziemnemu, nie zbierając już po drodze jakichkolwiek dopływów. Właściwy Egipt jest po prostu północną częścią tej wielkiej doliny, która rozciąga się od katarakt asuańskich do morza. Na odcinku od Asuanu do ruin Teb dolina ta zwęża się wtłoczona pomiędzy dwa łańcuchy skalistych gór, ale dalej, w kierunku Kairu, staje się znowu stosunkowo szeroka.
W El Manach Nil się rozdwaja, przy czym wschodnia jego odnoga stanowi właściwy nurt. Wkrótce po tym, jak rzeka minie Kair, z horyzontu znikają góry, które do tej pory

Feluka wolno sunie wodami Nilu. W tle Mauzoleum Agi Khana ➤

Życie pośród pól ➤

Słynny „Kamień z Rosetty", przechowywany w British Museum, Londyn

Kolumny hieroglifów (detal, Dolina Królowych, Grobowiec Amonherchopechefa)

towarzyszyły jej biegowi. Góry Arabskie i Libijskie pozostają coraz dalej z tyłu, aby wyłonić się znowu na krawędzi Morza Czerwonego i Śródziemnego na zachód od Aleksandrii. Na olbrzymiej trójkątnej równinie Delty mnóstwo kanałów i kanalików łączy Odnogę Raszida (zwaną też Rosettą) z odnogą Damietty (albo Damiatty).
Co roku w wyniku ulewnych deszczy, jakie spadają w górach Abisynii i w okolicach równikowych jezior, Nil przybiera coraz bardziej, aż wreszcie zalewa swoje brzegi i w przeciągu kilku miesięcy wypełnia całą dolinę. Z końcem kwietnia fala powodziowa mija Chartum, stolicę Sudanu, a w końcu maja lub na początku czerwca poprzez Nubię dociera do Egiptu. Do października dolinę pokrywa życiodajna warstwa wilgotnego mułu naniesiona przez wylew, który zanika całkowicie dopiero w grudniu. W rezultacie takich okresowych powodzi Egipt wyróżnia się wyjątkowo bogatą fauną i florą. Mamy tu do czynienia z wieloma gatunkami dużych drzew, licznymi odmianami akacji i sykamory, gajami palmowymi oraz mnóstwem roślin wodnych z papirusem i lotosem na czele. Nil i przylegające doń jeziora roją się od ryb. Większość zwierząt domowych znano w Egipcie od niepamiętnych czasów. Z drugiej strony, w przeciągu minionych wieków zniknęło wiele gatunków zwierząt żyjących na wolności. Dlatego nie ma już w tym kraju lwów ani innych dużych kotów w rodzaju lamparta i geparda. Hipopotamy opuściły Deltę w końcu XVI wieku, a odkąd na rzece pojawiły się statki parowe, podobnie jak krokodyle, uciekły jeszcze dalej w górę biegu, aż za katarakty. Gdyby nie wylewy Nilu, Egipt byłby sterylnie czystą pustynią. Oto dlaczego uwaga Herodota, że „Egipt jest wielkim darem Nilu", pozostaje tak samo aktualna dzisiaj, jak wtedy, gdy ją wypowiedziano.

PRYMITYWNY SYSTEM NAWADNIANIA

System irygacyjny Egiptu jest wciąż prymitywny i większość prac wykonuje się ręcznie. Największy problem stwarza przerzucenie wody z Nilu na wyżej położone zbocza doliny. Im dalej od rzeki, tym bardziej wznosi się powierzchnia gruntu. Jest to niewątpliwie spowodowane corocznymi naniesieniami aluwialnymi. W tej sytuacji nie ma nic prostszego niż zatrzymanie wody, kiedy osiągnie najwyższy poziom na krawędzi doliny, a potem posyłanie jej kanałami w dół, kiedy rzeka powróci do swego naturalnego koryta. Woda znajduje się przeciętnie cztery do pięciu metrów poniżej lądu i wkrótce opadnie jeszcze niżej. Aby pokonać tę różnicę poziomów, wykorzystuje się „sakijję"– koło wodne, wprawiane w ruch przez osły lub woły. Innym urządzeniem jest „szaduf", zwyczajne skórzane wiadro, które zanurza się w rzece, napełnia wodą, a potem podnosi dzięki wykorzystaniu siły przeciwwagi innych wiader. Procedurę tę powta-

W Egipcie wciąż działa prastary system irygacyjny

Widok na Kair od strony Nilu

rza się kilkakrotnie na różnych poziomach, aż woda znajdzie się w polu. Jak obliczono, system ten może przepompować do pięćdziesięciu litrów wody na minutę, a malowidła z egipskich grobowców wskazują, że metodą tą posługiwano się już co najmniej trzy tysiące lat temu. I jak do tej pory nikt nigdy nie pomyślał o unowocześnieniu go, pomimo wszystkich nowinek i zdobyczy technologicznych.

KLIMAT EGIPTU

Egipt można by opisać jako oazę pomiędzy dwoma pustyniami. Chociaż natura podzieliła go na dwie części, należałoby raczej mówić o górnym, środkowym i dolnym Egipcie. Z drugiej strony występują tutaj tylko dwie pory roku: gorąca, która trwa od kwietnia do października, oraz chłodna – od listopada do końca marca. Fellahowie, czyli rolnicy wyróżniają trzy odrębne pory w ciągu roku: chetuwi (zimę), sefi (lato) oraz Nili (porę największego wylewu). Jest to w swej istocie klimat saharyjski z prawie całkowitym brakiem opadów i dużymi wahaniami temperatury pomiędzy nocą a dniem. Temperatura zaczyna rosnąć w początkach marca. Wtedy właśnie wieje gorący wiatr z pustyni „chamsin", zwany także „cherd" przez rodowitych Egipcjan, „merissi" przez Beduinów i „simun" przez mieszkańców pustyni. Chamsin wieje z południowego zachodu, a jego nadejście zwiastuje gwałtowny spadek ciśnienia atmosferycznego i równie gwałtowny wzrost temperatury. W ciągu kilku minut słupek rtęci na termometrze może podnieść się o dwanaście do piętnasu stopni Celsjusza. Na domiar złego wiatr niesie ze sobą całe tumany kurzu wywiewanego z pustyni. W Górnym Egipcie, zwłaszcza w Luksorze i File, termometr wskazuje czasem czterdzieści sześć albo i czterdzieści osiem stopni Celsjusza.

◄ *Wieża Kairska w Gezirze*

Widok na Nil, Kair

KAIR

Egipt był pierwszym państwem, które wykształcilo trwały system administracyjny ze stolicą, gdzie mieściły się ośrodki władzy politycznej i religijnej.
W czasach późnego Okresu Predynastycznego zaczęły się pojawiać swego rodzaju konfederacje z przywódcami politycznymi (zwykle królami) i stolicami. W Dolnym, inaczej mówiąc Północnym Egipcie, stolicą było Buto, położone w samym sercu Delty. Jego król przywdziewał czerwoną koronę z kobrą jako emblematem. Górny, czyli Południowy Egipt miał stolicę w Nekheb pomiędzy Asuanem a Luksorem, a jego król nosił białą koronę z gryfem. Papirus razem z kwiatem symbolizował Północ, a lotos, także z kwiatem, był znakiem Południa.
Potem nastąpiło zjednoczenie Północy i Południa, a król-zjednoczyciel Menes (lub Narmer) wybrał na wspólną stolicę Memfis, położone między Górnym a Dolnym Egiptem. Miasto to leży dwadzieścia dwa kilometry od Kairu.
Punkt w rozwidleniu Nilu był zawsze najlepszym miejscem na założenie stolicy. Egipska metropolia poprzez wieki wielokrotnie zmieniała swoje położenie, od Ahnasji (na południu od Memfis) do Teb (Luksoru).
Kiedy Aleksander Wielki wkroczył do Egiptu w 332 r.p.n.e., ustanowił nową stolicę w Aleksandrii, w zachodniej części Delty. Gdy wprowadzono chrześcijaństwo, siedziba patriarchatu znalazła się pomiędzy Aleksandrią a starym Kairem.
W czasach ptolemejskich i rzymskich Aleksandria nadal pozostawała pierwszym miastem kraju.
W 639 r.n.e. Amr ibn el-As wkroczył do Egiptu i wprowadził islam. Chciał pozostawić stolicę Egiptu w Aleksandrii, ale kalif Omar ibn al-Chattab rozkazał wybudowanie nowego miasta. Tak oto w 641 r.n.e. nie opodal fortu Babilon powstał Al-Fustat, pierwsza islamska stolica Egiptu.
W roku 750 Abbasydzi przejęli władzę z rąk Omajjadów, a Salah ibn Ali opuścił Al-Fustat i założył nową stolicę w Al-Askar, nieco bardziej na północ od poprzedniej. Ta nowa stolica wojskowa rozrosła się wkrótce i zlała się z Al Fustatem.
Ahmed ibn Tulun był założycielem trzeciej muzułmańskiej stolicy Al Katai, powstałej w 870 roku wokół gigantycznego meczetu. To miasto z jego wysokimi murami i promieniście rozchodzącymi się ulicami również miało charakter fortu. Ono także wkrótce połączyło się w jedno ze swymi poprzednikami.
Kiedy w 969 roku fatymidzki dowódca Gohar al-Sikkili wkroczył do Egiptu, oczywiście również stworzył swoje miasto i nazwał je Al Kahira, czyli Kair, który wkrótce stał się stolicą całego kraju i sercem świata Islamu.
Od założenia Al Fustatu aż po zbudowanie Kairu wszystkie kolejne metropolie zawsze sytuowano coraz bardziej na północ. Nic dziwnego, że Kair jeszcze bardziej niż trzy poprzednie arabskie stolice wysunął się w tym kierunku. Zaczęła się długa historia miasta, które szybko poszerzało swoje granice.
Przybycie Saladyna (Salah ed-Din)

Meczet Mohameda Ali. Jedna z galerii dziedzińca oraz fontanna do rytualnych ablucji

w 1176 r. zapoczątkowało nowy etap w dziejach Kairu. Za Ajjubidów bowiem zbudowano Cytadelę i rozpoczęto budowę fortyfikacji otaczających cały gród. Również panowanie Mameluków (1250-1517) odznaczyło się niebagatelnymi planami urbanistycznymi. W czasach otomańskich (1517-1798) nastąpił dalszy rozwój. Już za Mameluków znaczne się ożywił i handel, który wyraźnie rozkwitł za Mohammeda Alego i jego następców.
Po rewolucji 1952 roku i w latach sześćdziesiątych mamy do czynienia z ogromnym przyrostem ludności.
Wielki Kair jest obecnie domem dla dwunastu milionów mieszkańców. Wyróżnia się w nim trzy jednostki administracyjne – Kair, Gizę i Kaliobię, podzielone na dwadzieścia osiem dzielnic. Przeciętna gęstość zaludnienia wynosi pięćdziesiąt tysięcy osób na kilometr kwadratowy.
Prastare miasto pod względem obszaru i ludności zajmuje pierwsze miejsce w Afryce. Jest to również wielkie polityczne, kulturalne i ekonomiczne centrum Środkowego Wschodu.

MECZET MOHAMEDA ALI

Meczet Mohameda Ali jest wizytówką merostwa kairskiego.
Mohamed Ali (1769-1849) urodził się w Kawalii, w Grecji, i był z pochodzenia Albańczykiem. Jako zawodowy żołnierz znalazł się w jednostce, która miała wyzwalać Egipt spod okupacji francuskiej i która wzięłą udział w bitwie lądowej pod Abu Kirem 25 lipca 1799 roku. W 1808 r. Mohameda Ali mianowano głównodowodzącym wszystkich oddziałow albańskich w Egipcie, ale już w r. 1805 Egipcjanie zbuntowali się przeciwko Wali Churszidowi, a Mohamed Ali przejął władzę.
Meczet zbudowany w 1830 r. składa się z właściwego meczetu oraz dziedzińca. Dziedziniec o wymiarach pięćdziesiąt dwa na pięćdziesiąt cztery metry otaczają cztery galerie zdobione marmurowymi kolumnami i zwieńczone niewielkimi kopułkami. Po środku dziedzińca mieści się fontanna dla rytualnych ablucji (gdzie muzułmanie myją się przed przystąpieniem do modłów, obowiązujących pięć razy dziennie). Po zachodniej stronie fontanny widnieje wieża zegarowa wykonana z kutej miedzi. Sam zegar był prezentem francuskiego króla Louis-Phillippe'a dla Mohameda Ali, ofiarowany mu w 1845 roku.
Budowniczy tego sanktuarium architekt Józef Boszna z Turcji wzorował się na stambulskiej świątyni Hagia Sophia, słynnym bizantyjskim kościele przerobionym potem na meczet.
Meczet postawiono na planie kwadratu, o czterdziestojednometrowej długości boku. Główna kopuła ma dwadzieścia jeden metrów średnicy i pięćdziesiąt dwa metry wysokości. Podtrzymują ją cztery kwadratowe filary, a otaczają cztery półkopuły oraz wnęka kibli.
Na zachodniej stronie budowli wznoszą się dwa cylindryczne minarety (tak zwane „minarety ołówkowe") w stylu otomańskim o wysokości osiemdziesięciu czterech metrów każdy. Zabytek charakteryzuje się ogromną liczbą ozdób alabastrowych, minbar z dekką (czyli kazalnicę) wykonano z białego

marmuru, a mihrab upiększono alabastrem ze złotymi wykończeniami. Duża liczba szklanych wisiorów i kryształowych lamp tworzy jasne kręgi światła wewnątrz meczetu.

Grobowiec Mohameda Ali Paszy

Potrójny grobowiec Mohameda Ali Paszy znajduje się po prawej stronie od wejścia do jego meczetu. Wykonano go z białego rzeźbionego w kwiaty marmuru i zdobionego dodatkowo malowanymi i złoconymi inskrypcjami.

MECZET SUŁTANA HASSANA

Jest to jeden z najpiękniejszych i najbardziej monumentalnych meczetów Kairu. Jego fundatorem był sułtan El Nasser Hassan, dziewiętnasty rządzący w Egipcie sułtan turecki i siódmy syn sułtana El Nassera Mohameda ibn Kalauna. Nawiasem mówiąc, żył on w ciężkich czasach, kiedy królowały wszelkie intrygi i spiski.
Władca ten zadecydował o budowie swojego meczetu na placu przylegającym do Cytadeli Saladyna. Prace rozpoczęto w 1356 r., a zakończono w 1363 pod kierunkiem Baszira Agi, jednego z następców Hassana. Meczet ten uważa się za arcydzieło architektury islamskiej. Zajmuje on powierzchnię siedmiu tysięcy dziewięciuset siedmiu metrów kwadratowych. Wejście ma trzydzieści siedem metrów i osiemdziesiąt centymetrów wysokości. Przy świątyni znajduje się również madrasa, czyli szkoła teologiczna dla czterech obrządków muzułmańskich.
Dziedziniec budowli jest niemal idealnym kwadratem o trzydziestodwumetrowej długości boku. Na każdej stronie usytuowano krużganek, wznoszący się wyżej niż reszta dziedzińca. Wszystkie one zostały zwieńczone sklepieniami o spiczastym ceglanym wykończeniu oraz kamiennymi arkami. Miłośnicy sztuki uważają, że arka największego jest prawdziwym cudem architektury. Ściany meczetu pokrywają bloki kolorowego kamienia i marmuru, sztukaterie i stiuki z wersami Al Fatihy (pierwszej, czyli „Otwierającej" sury Koranu) w piśmie kufickim. Jest tam również mistrzowsko wykonana ambona, a mihrab spoczywa na czterech marmurowych wspornikach. Po prawej stronie minbaru z białego marmuru są drewniane pokryte brązem drzwi. Drzwi są po każdej stronie kibli. Dwoje drzwi prowadzi do grobowca. Pomieszczenie to ma dwadzieścia jeden metrów wysokości, przy czym od ósmego metra wzwyż wszystkie jego ściany pokrywa marmur.
Meczet sułtana Hassana posiada dwa minarety. Pierwszy, wznoszący się na osiemdziesiąt dwa metry, jest uważany za jeden z najwyższych minaretów w świecie Islamu i jest tylko dwa metry niższy od dwóch minaretów meczetu Mohameda Ali Paszy, zbudowanego całe pięćset lat później.

Dwa meczety: po lewej meczet Sułtana Hassana, po prawej meczet Ar-Rifai

STATUA RAMZESA II

Posąg ten odnaleziono w Memfis w 1954 r. i przewieziono do Kairu, gdzie jest eksponowany na placu dworcowym. Ma on dziesięć metów wysokości, a podwójna korona władcy symbolizuje zjednoczenie Północy i Południa. Z tyłu kolosa jest coś w rodzaju podpórki, na której wypisano tytuły i przydomki faraona. Jednym z nich był „Silny Byk", zwierzę to bowiem symbolizowało płodność i urodzajność. Pomiędzy nogami statui wykuto płaskorzeźbę żon-córek Ramzesa (Bent Anath) i jeszcze jednej z trzech jego córek, którym nadano ten tytuł. Kopia niniejszego posągu stoi obecnie na drodze prowadzącej do kairskiego lotniska.

MUZEUM EGIPSKIE

Francuski egiptolog Mariette Pasza nalegał na zbudowanie wielkiego muzeum do przechowywania staroegipskich dzieł sztuki. Dwadzieścia lat później francuski architekt Marcel Dourgnon przedstawił plan Muzeum Egipskiego, które miało być usytuowane w centrum Kairu. Muzeum zostało otworzone w 1902 r., a na jego dyrektora powołano Gasto Maspero. Jest tam duża biblioteka oraz sto sal wystawienniczych, rozlokowanych na dwóch piętrach. W ogrodzie należącym do Muzeum znajduje się duży pomnik z brązu, który stoi nad marmurowym grobowcem Auguste Mariette'a z wykutymi na nim datami jego narodzin i śmierci: 1821-1881. W pobliżu ustawiono także sporo pomników poświęconych innym sławnym egiptologom. Większość zbiorów Muzeum wiąże się z Tutenchamonem, choć nie tylko. Bogate zbiory reprezentują liczne dzieła sztuki z czasów starożytnych, jak chociażby posągi Cheopsa, Chefrena i Mykerinosa, kilka posągów Ramzesa II, a także kolekcje Tutmozisa III i Alhnatuna.

Posąg Ramzesa II na Placu Dworcowym, Kair

Główne wejście do Muzeum Egipskiego

Dwa posągi po każdej stronie wejścia do Muzeum symbolizują Północ i Południe starożytnego Egiptu. Jedna z postaci trzyma lotos, druga papirus.

Złoty sarkofag Tutenchamona

Złoty sarkofag Tutenchamona wykonano ze stu osiemdziesięciu kilogramów litego złota. Jest to prawdopodobnie największy i najwspanialszy w historii przykład sztuki złotniczej. Ciało młodego władcy Tutenchamona, który zmarł w wieku osiemnastu lat, złożono do trzech sarkofagów. Wewnętrzny i zewnętrzny znajdują się wśród jego zbiorów w Muzeum Egipskim. Grobowiec faraona został odnaleziony w Tebach – w Dolinie Królów, 4 listopada 1922 r. przez Howarda Cartera po sześciu latach ciężkiej pracy – pod zwałami żwiru, jakie nagromadziły się nad nim podczas odkopywania grobowca Ramzesa VI.

Wejście do Muzem Egipskiego ➤

Złoty sarkofag Tutenchamona

Król Mentuhotep (XI dynastia)

Jest to rzadki przykład rzeźby, przedstawiający faraona Mentuhotepa z XI dynastii. Posąg znajdował się w grupie ośmiu innych postaci, odnalezionych w świątyni grobowcowej z Deir el-Bahari, na zachód od Luksoru, obok świątyni królowej Hatszepsut, zbudowanej pięć wieków później. Posąg wykonany z piaskowca, wysokości dwóch metrów i trzydziestu centymetrów, przedstawia faraona siedzącego w pozycji Ozyrysa, w białych szatach i pomalowanej na czerwono koronie. Kolor ciała widocznego pod białym przyobleczeniem jest oliwkowo-czarny. Statua, kiedy ją odnaleziono, była okręcona w bandaże niczym mumia i umieszczona w niszy grzebalnej monumentalnej świątyni tego władcy.

Dwarf Seneb i jego rodzina (VI dynastia)

Staroegipski rzeźbiarz uwiecznił w tym dziele ważnego urzędnika państwowego Dwarfa Seneba wraz z rodziną. Sportretował on samego notabla, jego żonę trzymającą go prawą ręką oraz dwójkę ich dzieci w miejscu skróconych nóg ojca. Posąg wykonany z wapienia został odnaleziony w grobowcu Seneba w Gizie, na północ od piramidy Chefrena.

Posąg Mentuhotepa

Rzeźba grupowa – Dwarf Seneb z rodziną

Szejch el-Balad

Jest to najsłynniejsza rzeźba drewniana z czasów Starego Państwa. Przedstawia ona arystokratę Kaapera, wielkiego kapłana. W jego rysach dostrzega się powagę i dostojeństwo. Oczy wykonano z kwarcu i osadzono w miedzianych powiekach. Posąg wyrzeźbiono (z wyjątkiem ramion) z jednego kawałka drewna sykamorowego. Znaleziony w 1860 roku w pobliżu Sakkary, wydał się miejscowym robotnikom, którzy go odkopali, podobny do sołtysa z ich wioski – po arabsku: „Szejch el-Balad", stąd nazwa zabytku.

Skryba (IV dynastia)

Zawód skryby był w starożytnym Egipcie jedną z najwyżej cenionych profesji. Z powodu swej mądrości i wiedzy mieli oni najlepszy dostęp i najbliższą styczność z faraonem. Rzeźba wykonana z malowanego wapienia przedstawia siedzącego po turecku pisarczyka trzymającego na kolanach rozwinięty zwój papirusu. Oczy z inkrustowanego kwarcu obramowano brązem. Chociaż starożytni Egipcjanie bardzo ściśle trzymali się raz ustalonych w sztuce kanonów, głowa przedstawianej postaci jest lekko przechylona w prawo, jakby człowiek zastanawiał się nad tym, co ma napisać.

Szejch el-Balad

Skryba

Książę Rahotep i jego żona Nofret (IV dynastia)

Niniejsza rzeźba grupowa została znaleziona w grobowcu Rahotepa w Mejdum. Przedstawia ona księcia Rahotepa, który był najwyższym kapłanem w Heliopolisie, oraz jego żonę księżniczkę Nofret. Portretowane osoby zostały wykute z dwóch oddzielnych bloków wapienia, ale w zamyśle miały stanowić całość oglądaną razem. Oba posągi są malowane, z inkrustowanymi oczyma, w doskonałym stanie. Należy zwrócić uwagę na różnicę w odcieniu skóry mężczyzny i kobiety, zawsze starannie podkreślaną w sztuce starożytnego Egiptu.

Grupa z czarnego granitu (XVIII dynastia)

Jest to rzeźba grupowa z czarnego granitu przedstawiająca burmistrza Teb, Senefera, siedzącego u boku swojej żony Senetnaj, oraz ich córki Mutneferet, umieszczonej pomiędzy nimi. Dzieło pochodzi z czasów panowania Amenhotepa II z XVIII dynastii.

◄ *Książę Rahotep z małżonką Nofret*

Rzeźba grupowa z czarnego granitu

◄ *Dwóch jeźdźców i ich wielbłądy. Giza, w pobliżu wykopalisk archeologicznych*

Ogólny widok na trzy piramidy: Cheopsa, Chefrena i Mykerinosa

GIZA

Zanim opiszemy słynny i rzeczywiście imponujący kompleks cmentarny w Gizie, zajrzyjmy do tego, co miał do powiedzenia na jego temat niezrównany „dzienikarz" swoich czasów Grek Herodot, który opierał się na ustnych przekazach cudzoziemców bywałych w Egipcie. Aczkolwiek Herodot często krytykował ten kraj i jego mieszkańców, niemniej jednak utrwalił niewiarygodną ilość bezcennych dla nas informacji.

Pisze on między innymi: „Cheops zostawił po sobie gigantyczny pomnik, swoją piramidę. Aż do panowania Rhampsinitusa, Egipt był świetnie rządzony i rozwijał się doskonale. Cheops, jego następca, zmuszał swoich podwładnych, aby pracowali dla niego jak niewolnicy. Niektórych wykorzystywał do przewozu ciężkich bloków kamiennych z kamieniołomów, położonych w Górach Arabskich, nad Nil. Tam budulec przeprawiano przez rzekę i przekazywano w ręce innych, którzy ciągnęli go do Gór Libijskich. Ludzie pracowali zmianowo po trzy miesiące, przy czym każda zmiana liczyła sto tysięcy ludzi.

Dziesięć lat zabrało wybudowanie rampy, po której ciągnięto potem bloki, i była to praca nie mniej wyczerpująca niż podczas wznoszenia samej piramidy, albowiem miała ona pięć stadiów długości (923,5 m), dziesięć orgionów szerokości (18,47 m) oraz osiem orgionów wysokości (14,78 m) w najwyższym punkcie. Ponadto wykonano ją ze szlifowanych kamiennych bloków, rzeźbionych w zwierzęta. Piramidę budowano również dziesięć lat, łącznie z podziemnymi komnatami grzebalnymi, które uchodziły w głąb wzgórza, gdzie usytuowano piramidy. Dwadzieścia lat budowano kanał od Nilu, dzięki któremu woda opłynęła jeden z boków grobowca. Podstawę samej piramidy stanowi kwadrat o boku ośmiu plethrasów (246,26 m), co równa się wyso-

kości. Całość jest konstrukcją z wygładzonych, doskonale dopasowanych kamiennych bloków, z których żaden nie jest krótszy niż trzydzieści stóp (9,24 m)". Po tym wprowadzeniu, Herodot relacjonuje – z najdrobniejszymi szczegółami: od opisu charakterystycznych cech stylu egipskiego po koszta, jakie pochłonął ten dziwny grobowiec – historię budowy Wielkiej Piramidy.
„Piramidę budowano piętrami czy też stopniami. Po zbudowaniu podstawy dzięki swoistemu wyciągowi z krótkich bali podnoszono następne bloki na wysokość pierwszego rzędu. Na tym poziomie instalowano kolejne urządzenia, także podnoszące olbrzymie elementy o jedno piętro wyżej. I tak dalej. Każde piętro miało swój własny podnośnik, możliwe też, że te łatwe w przenoszeniu urządzenia rozmontowywano po przejściu ładunku i składano ponownie tam, gdzie były potrzebne, aż głaz znalazł się na właściwym miejscu. Podaję tu dwa warianty, o jakich słyszałem. Wykończanie rozpoczęło się od wierzchołka i posuwało się w dół, ku najniżej położonym warstwom. Inskrypcja w piśmie egipskim, umieszczona na piramidzie, podaje niesamowite sumy wydane na obrok, cebulę i czosnek. O ile dobrze pamiętam, co powiedziała osoba, która mi ją przeczytała, kwota ta wynosiła tysiąc sześćset talentów w srebrze (41,884 kg). Jeśli to prawda, ileż wobec tego musiano wydać na narzędzia, na pozostałą żywność, na ubrania dla robotników?! Że nie wspomnę, co nie jest bez znaczenia, o czasie, jaki pochłonęło wydobycie kamienia, przetransportowanie go i zbudowanie podziemnych sal grzebalnych!"
Cztery wieki po Herodocie odwiedził Egipt historyk Diodor z Sycylii (I w. p.n.e.). On także podziwiał piramidy,

Piramida Cheopsa
Dwa spojrzenia na fascynujące wnętrze tej piramidy

Piramida Chefrena

które uważał za jeden z siedmiu cudów świata. Podobnie jak jego poprzednika, przepełniły Diodora zdumienie i zachwyt w obliczu tego monumentu. „Każdy musi się zgodzić – pisał – że te kolosy przewyższają wszystko, co można zobaczyć w Egipcie, nie tylko z powodu swoich wymiarów, ale również piękna formy".
Diodor podaje następnie własną wersję metody budowania piramid. Jego wyliczenia dotyczą wszystkch trzech wielkich piramid razem, traktuje je bowiem jako jeden zespół grzebalny IV dynastii. Wielka Piramida jest dla niego tylko jednym z elementów tego kompleksu, najbardziej imponującym, to prawda, ale takim, którego nie powinno się rozpatrywać w oderwaniu od reszty. Podobnie jak Herodot, Diodor Sycylijski podaje sumę tysiąca sześciuset talentów na obrok, cebulę i czosnek dla robotników zatrudnionych przy Wielkiej Piramidzie, ale w przeciwieństwie do Herodota uważa, że te budowle nie kryją w sobie ciał faraonów. Jego zdaniem, zostały one pochowane w bezpiecznym i ściśle tajnym miejscu. Nie będziemy dalej cytować tekstu Diodora, który w większym lub mniejszym stopniu zgadza się w swych opisach z Herodotem. Wspomnieliśmy o nim właściwie tylko po to, by pokazać, że najwięksi pisarze starożytności w równym stopniu byli wstrząśnięci pięknem co niepowtarzalnością egipskiej nekropolii.
W Gizie oczom patrzącego ukazuje się jeden z najpiękniejszych widoków stworzonych ludzką ręką. Egipskie porzekadło, że „każdy boi się czasu, a czas boi się piramid" wydaje się tutaj najstosowniejszą metaforą. Giza jest współczesną nazwą nadaną wielkiej kairskiej nekropolii. Zajmuje ona płaskowyż o powierzchni około dwóch tysięcy me-

Piramida Mykerinosa wraz z trzema piramidami królowych

◄ Dwa detale piramidy Cheopsa

trów kwadratowych. Mieszczą się na nim Sfinks oraz trzy Wielkie Piramidy – Cheopsa, Chefrena i Mykerinosa. Tej ostatniej towarzyszą trzy małe satelickie piramidy. Trzy giganty zostały ustawione na linii swoich przekątnych, ale w taki sposób, że żadna nie zakrywa słońca pozostałym dwóm. Piramida Cheopsa wydaje się bardzo mocno zniszczona, podczas gdy piramida Chefrena wciąż znajduje się w całkiem dobrym stanie. Piramida Cheopsa jest największa z całej trójki. Pierwotnie miała sto czterdzieści sześć metrów wysokości, dziś mierzy zaledwie sto trzydzieści siedem metrów. Jej ścięty wierzchołek tworzy platformę o powierzchni dziesięciu metrów kwadratowych. Obecnie piramida całkowicie utraciła swoje zewnętrzne wykończenie, wykruszyły się wszystkie wypełnienia i tynki. Dzięki temu ukazały się ukryte niegdyś olbrzymie bloki, po których trzeba wspinać się w pocie czoła, jeśli chce się wejść na szczyt. Niewyobrażalny widok, jaki się stamtąd rozciąga, wart jest jednak każdego wysiłku. Piramida Chefrena jako jedyna zachowała – niestety tylko częściowo, u samego szczytu – swą zewnętrzną licówkę. Kiedyś była niższa niż piramida Cheopsa, ale dzisiaj jest równej z nią wysokości, ponieważ

Barka słońca

tamta straciła sporą część wierzchołka. Początkowo piramida Chefrena miała u podstawy okładzinę z czerwonego granitu.
Wreszcie jest jeszcze trzecia piramida, najmniejsza, piramida Mykerinosa. Mierzy ona zaledwie sześćdziesiąt sześć metrów wysokości, ale jej wymiary są absolutnie doskonałe. Jeszcze w XVI stuleciu widniała na niej licówka z granitu, która dzisiaj całkowicie zniknęła. W grobowcu był kiedyś wspaniały bazaltowy sarkofag z ornamentami w tak zwanym „stylu pałacowym", charakterystycznym dla Starego Państwa. Niestety, przepadł on bezpowrotnie gdzieś u wybrzeży Portugalii, ponieważ statek, który przewoził go do Anglii, zatonął. Jak już wspomnieliśmy, naprzeciwko piramidy Mykerinosa są jeszcze trzy piramidy, mniejsze nawet od tej ostatniej. Jedną z nich, położoną na wschód, początkowo wykładaną czerwonym granitem, zbudowano prawdopodobnie w intencji żony faraona Charmernehty II. Kiepski stan kompleksu Mykerinosa wynika z faktu, że niektóre jego części budowano chyba w dużym pośpiechu, z wykorzystaniem niewypalonych cegieł, co spowodowało w rezultacie stosunkowo szybkie starzenie się obiektu.

BARKA SŁOŃCA

W 1954 r. egipski archeolog Kamel el Mallak odkrył dwie duże żwirownie na południe od piramidy Cheopsa. Przykrywały je olbrzymie wapienne bloki, na których wyryto „cartouches", czyli imiona faraonów w specjalnych obwódkach. Przede wszystkim znalazło się tam imię następcy Cheopsa, jego syna Dedifra. Po usunięciu jednego z kamieni światło dzienne jeszcze raz ujrzała „barka słońca". Niewykluczone, że była to nawet ta sama barka, która przeniosła ciało Cheopsa do Gizy, zanim został on pochowany w wielkiej piramidzie – jego wiecznym domostwie. Po blisko dziesięciu latach cierpliwej pracy, przywrócono łódce pierwotny kształt i umieszczono w specjalnie dla niej wybudowanym obok piramidy muzeum.

Dwa ujęcia Sfinksa

SFINKS

Około trzysta pięćdziesiąt metrów od piramidy stoi Wielki Sfinks, zwany przez Arabów Abu Ghul, co oznacza dosłownie „ojciec strachu", czyli „upiór". Siedemdziesięciotrzymetrowej długości posąg przedstawia lwa o ludzkiej głowie, stanowiącej, jak sądzą niektórzy, podobiznę samego Chefrena, trzymającego straż przed własnym grobowcem. Pierwotnie Sfinksa nazywano Horemachet, co oznacza „Horus, który jest na horyzoncie". Grecy wymawiali to Harmakis. W przeciągu wieków Sfinksa wielokrotnie przysypywał piasek, z którego wynurzała się jedynie głowa (pięć metrów

Tak oto David Roberts sportretował Sfinksa w latach 1846-1850

Głowa Sfinksa w zbliżeniu. Posąg ten podobno przedstawia samego Chefrena

wysokości) z twarzą o tajemniczych rysach. Wielokrotnie też ludzie odkopywali go z piachu. Do najbardziej znanej renowacji doszło za panowania Tutmozisa IV, któremu Harmakis ukazał się we śnie i nakazał odkopanie Sfinksa. Do widocznych dzisiaj uszkodzeń w sylwecie i rysach mitycznego zwierzoluda przyczyniła się częściowo erozja, spowodowana przez wiatr, lecz w znacznie większej mierze artyleria Mameluków, którzy upodobali sobie Sfinksa za cel podczas ćwiczeń strzeleckich.

Ogólny widok na tarasową piramidę Zosera

SAKKARA

Nekropolia w Sakkarze, rozciągająca się na obszarze ośmiu kilometrów kwadratowych, jest największa w całym Egipcie. Jest ona również z historycznego punktu widzenia najważniejsza, ponieważ spotykamy się tutaj ze wszystkimi głównymi dynastiami, od najstarszej I dynastii po Ptolemeuszów i dynastie perskie. Cmentarzysko szczyciło się szczególną opieką boga Sokara (stąd nazwa miejscowości), którego przedstawiano jako zieloną postać z głową jastrzębia.
W centrum nekropolii znajduje się kompleks grzebalny Zosera, założyciela III dynastii. Wokół niego rozlokowały się inne piramidy i mastaby, charakterystyczne dla różnych epok. Nad całością dominuje gigantyczna tarasowa **piramida Zosera**. Aby docenić w pełni oryginalność i znaczenie tej piramidy, trzeba wyjaśnić, co się rozumie poprzez słowo „mastaba", które po arabsku oznacza „taras". Mastaby były grobowcami arystokracji i wyższych urzędników państwowych, budowanymi na planie prostokąta z lekko pochylonymi ku sobie ścianami. Faraon Zoser jako pierwszy zlecił architektowi budowę wielkiego kompleksu cmentarnego. Architekt ten, który nazywał się Imhotep i którego imię wyryto hieroglifami u podnóża posągu Zosera, stał się dzięki temu pierwszym w historii znanym z nazwiska architektem. Jego arcydzieło sztuki budowlanej było pierwszą w świecie cmentarną piramidą. Imhotep zajmował się nie tylko architekturą. Równocześnie pełnił on urząd najwyższego kapłana i zyskał sławę jako zna-

komity lekarz. Był to człowiek tak genialny, że Grecy dwa tysiące lat później zaczęli czcić go jako boga pod imieniem Eskulapa.
Na czym jednak polegał wynalazek Imhotepa? Otóż z początku zbudował on wielką mastabę, a następnie nakrył ją czterostopniową piramidą. Całość miała ostatecznie sześć tarasów na zachodniej części mastaby. Kilka stuleci później Sumerowie udoskonalili tę formę w swoich zikkuratach. Sześćdziesięciodwuipółmetrowego kolosa również pokrywały pierwotnie okładziny ze szlifowanego kamienia, które dzisiaj całkowicie zniknęły. Obok piramidy widnieją pozostałości czegoś, co nazywało się „Domem Południowym". Dzisiaj

Fragment wejścia do „Domu Południowego"

Fragment galerii wiodącej do piramidy Unasa

Piramida Unasa

Tak zwane „Teksty piramid" wyryte w grobowcu Unasa (detal)

są to jedynie dwie żłobione kolumny (bardzo przypominające kolumny doryckie), podtrzymujące niegdysiejszy portal z pięknym horyzontalnym fryzem o motywie świętych węzłów, które miały chronić przybytek w przyszłości (Fryz Chekerna).

Na południe od piramidy tarasowej znajduje się piramida Unasa, ostatniego faraona z V dynastii. Stosonkowo mała, bo o powierzchni zaledwie sześćdziesięciu metrów kwadratowych, została zniszczona jeszcze w 2000 r. p.n.e. Mimo to okazała się bardzo interesująca dla współczesnych głównie dlatego, że tutaj właśnie odnaleziono większą część tak zwanych „Tekstów piramid", pierwszego zbioru pism o charakterze magiczno-religijnym z czasów Starego Państwa. Zaklęcia w nich zawarte miały chronić faraona na tamtym świecie. Napisane hieroglifami i pomalowane na zielono zaczynają się w przedsionku i wychodzą na cztery ściany specjalnej sali.

Grobowce – mastaby

Jak już wspomnieliśmy, mastaba – to grobowiec notabla. Miała ona przypominać dom, w którym zmarły mieszkał za życia. W Sakkarze znajduje się imponująca liczba mastab, przy czym niektóre z nich należą do najbardziej znanych z powodu swej urody i przepychu dekoracji.

Mastaba Nebet, pochodząca z końca V dynastii, stanowi typowy przykład ze względu na rzadki styl zdobniczy w drugiej sali. Widzimy tutaj w pałacowym haremie (pomieszczeniu wydzielonym dla kobiet) samą królową, która przygląda się ceremonii składania darów, wąchając równocześnie kwiatek.

Z kolei **mastaba Uneferta** pochodzi z VI dynastii. Tego, jak byśmy dzisiaj powiedzieli, premiera przedstawiono na płaskorzeźbie ściennej przy samym wejściu do mastaby jako starego człowieka spokojnie wkraczającego do wnętrza własnego grobowca.

Bardzo interesująca jest dekoracja zachowana w **mastabie księżniczki Idut**. Grobowiec składa się z dziesięciu komnat, z których tylko pięć ozdobiono. Jeden z obrazków ukazuje dwóch skrybów przy pracy. Artysta, dbały o szczegóły, przedstawił ich piórniki, pudełka na farby, a nawet dwa dodatkowe

Mastaba Nebet

Mastaba Uneferta

Płaskorzeźby z mastaby księżniczki Idut ➤

pędzelki, które pisarczyk wetknął sobie za ucho.

Również w **mastabie Kagemmiego** nie brak uroczych scen rodzajowych. Jedna, zupełnie niezwykła, przedstawia służącego podczas karmienia ptactwa w kurniku, zaś inna – szereg młodych dziewcząt wykonujących jakieś tańce akrobatyczne.

Na przeciwległym krańcu nekropolii znajduje się **mastaba Ptahhotepa**, wysokiego urzędnika państwowego, sąsiadująca, nawiasem mówiąc, z mastabą jego syna Achuhotepa. Grobowiec ojca został odkryty przez francuskiego archeologia Auguste Mariette'a, który przybył do Egiptu w 1850 r. Wspaniała płaskorzeźba, która jest chyba dziełem niejakiego Anchenptaha, ukazuje nam z całym bogactwem szczegółów, jak musiało wyglądać życie w starożytnym Egipcie. Widzimy tu służących, którzy niosą ofiary, wioślarzy w łódce, których gesty przypominają ruchy tancerzy i inne postacie.

Najbardziej rozbudowaną jest **mastaba Mereruki**, odkryta w 1893 r. Dzieli się ona na trzy części, stanowiące odrębne kwatery. Jedną przeznaczono dla właściciela o imieniu Meri lub Mera, drugą – dla jego żony Uatethethor, która była kapłanką bogini Hathor, a trzecią dla ich dzieci. Mastaba ta w pełni odpowiadała randze osoby,

Dwie scenki: polowanie i taniec. Mastaba Kagemmiego

Dwie sceny z mastaby Ptahhotepa ➤

Sceny polowania i łowienia ryb z mastaby Mereruki

która – jak Mereruka – pełniła ważne funkcje publiczne w czasach VI dynastii. Szczególnie oryginalna w swych założeniach artystycznych jest scena ukazująca polowanie i łowienie ryb. Rośliny i zwierzęta swobodnie rozłożone na całej wolnej powierzchni dzieła wprowadzają bajkowy nastrój i noszą znamiona stylu fantastycznego.

Mastaba pana Ti jest prawdopodobnie najładniejsza ze wszystkich. Ukończono ją już w 2600 r. p.n.e., kiedy Cheops przygotowywał się do budowy swojej Wielkiej Piramidy. Ti, małżonek księżniczki Nefrhotep, żył w czasach VI dynastii. Dzisiaj powiedzielibyśmy, że był nie lada personą. Zawiadywał on mianowicie wszystkimi inwestycjami faraona, był jego bliskim przyjacielem, zaufanym człowiekiem, kierującym budową piramid. Tak przynajmniej przedstawiono go w inskrypcji wyrytej na jego grobowcu. Płaskorzeźby z tej mastaby uważa się za najpiękniejsze przykłady sztuki Starego Państwa z powodu wyjątkowej ekspresji artystycznej oraz doskonałęgo wyważenia kompozycji. Szczegolnie godną uwagi jest tu procesja kobiet, które z wdziękiem i elegancją niosą na głowach wysokie kosze.

Olbrzymi posąg Ramzesa II

MEMFIS

Memfis, czyli Mennof-Ra (wymawiane jako „Memfis" przez Greków), to starożytna stolica pierwszego „nômi", innymi słowy, prowincji Dolnego Egiptu. Herodot utrzymuje, że zostało ono założone przez Menesa, który zjednoczył obie części Egiptu. Dziś nie pozostało z Memfis nic prócz odrobiny ruin. Przepowiednia Jeremiasza, że „Memfis opustoszeje do ostatniego mieszkańca, aż ulegnie zagładzie" (Jeremiasz XLVI, 19) sprawdziła się w całej rozciągłości. Jednak Memfis przeżyło całe wieki chwały, ze szczytowym okresem w czasach panowania VI dynastii, kiedy stanowiło centrum kultu Ptaha. W inskrypcji odnalezionej w Abu Simbel, Ramzes II w taki oto sposób zwraca się do boga: „Powiększyłem w Memfis Twój dom, zbudowałem go nie żałując pracy, złota i drogich kamieni..." Poza tym Memfis było również ośrodkiem budowy rydwanów, najważniejszego sektora egipskiego przemysłu wojennego. W centrum miasta musiała kiedyś istnieć cytadela „o białych ścianach", której budowę rozpoczęto za Imhotepa. Żyli tutaj niegdyś i pracowali ludzie wszelkich ras, wyznań i narodowości.

Wprost trudno uwierzyć, że z całego tego przepychu nie pozostało nic prócz niekończącego się zwałowiska ruin, utrąconych kolumn, pojedynczych ścian i okruchów kamieni. Wraz z powstaniem i wzrostem Aleksandrii, Memfis powoli, ale nieuchronnie podupadało, aż wreszcie legło w gruzach. Dzięki licznym wykopaliskom prowadzonym od XIX wieku światło dzienne ujrzały ruiny świątyni boga Ptaha, w której koronowali się faraonowie, oraz małej kaplicy, także poświęconej Ptahowi, zbudowanej przez Seti'ego I. Przed świątynią stał kiedyś cały ciąg monumentalnych posągów Ramzesa II. Ocalały z nich tylko dwa. Jeden, z czerwonego granitu, można podziwiać dzisiaj na placu dworcowym w Kairze. Drugi leży w całej okazałości na ziemi przed świątynią. Na trzynastometrowej postaci trzykrotnie wykuto w „cartouches" imię wielkiego faraona – na ramieniu, na piersi i na pasku. Kilkadziesiąt metrów dalej można zobaczyć sfinksa z czasów Amenhotepa II. Wykonany z pojedynczego kawałka alabastru, ma cztery i pół metra wysokości, osiem metrów długości i waży, jak się przypuszcza, przynajmniej osiemdziesiąt ton. Niegdyś razem z innymi sfinksami strzegł wejścia do świątyni boga Ptaha.

◄ *Alabastrowy sfinks przedstawiający Amenhotepa II*

◄ *Piramida Snefru, zwana „romboidalną piramidą"*

Piramida z Mejdum

DAHSZUR

Około dwóch kilometrów od nekropolii w Sakkarze odnajdujemy pieć piramid Dahszuru. Trzy z pośród nich zostały zbudowane z kamienia, dwie z cegły, ale wszystkie są jednakowo ważne. Najbardziej z nich wysunięta na północ, z cegły, powstała w czasach panowania Sesostrisa III z XII dynastii. Dawniej piramida miała licówkę rzeźbioną w kamieniu z Tury. Z kolei bardziej na południe rozlokowały się piramidy Amenemhata II oraz Amenemhata III. W grobowcu pierwszej, kamiennej, znaleziono wspaniałą kolekcję klejnotów. Drugą zaś piramidę zbudowano z cegieł. Obie pozostałe wzniesiono za Snefru, pierwszego faraona IV dynastii. Długość boku podstawy tej piramidy, którą nazywa się „czerwoną piramidą", wynosi więcej niż dwukrotność jej wysokości (dwieście trzynaście metrów wobec dziewięćdziesięciu dziewięciu). Inną, najlepiej zresztą zachowaną z całej nekropolii, jest tak zwana „romboidalna piramida", łatwa do rozpoznania nawet z dużej odległości właśnie z powodu niezwykłych kształtów. Zabytek ten zawdzięcza swoje imię dosyć ekscentrycznej konstrukcji. Chodzi mianowicie o to, że kąt nachylenia ścian zmienia się mniej więcej w połowie długości z pięćdziesięciu na czterdzieści trzy stopnie. Drugą niezwykłą rzeczą w tej piramidzie jest to, że ma dwa wejścia, jedno z zachodu i jedno z północy, oba prowadzące do dwóch ukrytych na różnych poziomach sal.

MEJDUM

Jeszcze jedno dzieło niezmordowanego Snefru, ojca Cheopsa – to piramida w Mejdum, niedaleko Nilu, na wysokości Fajjum. Arabowie nazywają ją „ahram el-kaddah", co oznacza „fałszywa piramida". I rzeczywiście, ta potężna budowla bardziej niż piramidę przypomina wielką mastabę o pochyłych ścianach, otoczoną dwoma masywnymi tarasami. Pierwotnie jednak musiała wyglądać zupełnie inaczej ze swymi ośmioma tarasami zmierzającymi do ostrego wierzchołka. Można również przyjąć założenie, że zewnętrzna gładka licówka miała ukryć nie tylko wszelkie nierówności, ale nawet widoczne dzisiaj stopnie.

ABYDOS

Dzisiaj na zachodnim brzegu Nilu znajduje się wioska Arabat el-Madfurnah (dosłownie: „Pogrzebany Arabat"). I rzeczywiście, piasek przysypał tu większość zabytków.
Abydos – to nazwa, jaką nadali Grecy starożytnemu świętemu miastu Thinis (Tanis), kolebce najstarszych dynastii i kultu Ozyrysa. To właśnie tutaj legenda Ozyrysa, która emanowała na kraj także z sanktuarium w Buziris (pierwotna nazwa Pauzir, oznaczająca „wieczysty dom Ozyrysa"), zyskała swą najpełniejszą realizację zarówno pod względem architektonicznym, jak też religijnym. Był to bowiem najważniejszy cel pielgrzymek wszystkich Egipcjan, którzy przynajmniej raz w życiu musieli odwiedzić święty gród. W sanktuarium Ozyrysa miano przechowywać najświętszą relikwię – głowę boga. Zgodnie z legendą, bóg Set zabił swego brata Ozyrysa, porąbał jego ciało na kawałki (trzynaście według jednej wersji, a czterdzieści według innych) i rozrzucił w różnych częściach Egiptu. Bogini Izis, żona zabitego boga, pozbierała je i umieściła w Ozyrejonie w Abydos... Odnalazła wszystko z wyjątkiem fallusa, którego połknęła ryba w jeziorze Menzaleh nie opodal Port Saidu. Izis siłą swej miłości przywróciła małżonka do życia. Kiedy bóg otworzył oczy, spłynął z nich na Izis promień światła, dzięki któremu poczęła syna Horusa. Mit o Ozyrysie, zabitym przez własnego brata

Portyk i fasada świątyni Setiego I

„Fałszywe" drzwi w świątyni Setiego I (detal) ➤

Ozyrys i Izyda, świątynia Setiego I

Faraon ofiarowuje Izydzie świętą trzcinę, j.w. ➤

Seta, bardzo przypomina ten z Biblii o Kainie i Ablu.
W tym starożytnym mieście, gdzie każdy religijny Egipcjanin pragnął posiadać własną kaplicę cmentarną lub przynajmniej nagrobną płytę, dzisiaj pozostało zaledwie trochę ruin. Z drugiej jednak strony pałac Setiego I, czyli Memnonium, opisany przez Straboniusza jako „pałac godny podziwu" i słynny z powodu swoich wspaniałych fresków, znajduje się w wyjątkowo dobym stanie. Pałac, odkryty przez Auguste Mariette'a, budowano początkowo w celu uczczenia pielgrzymki Setiego I do Abydos. Mimo że prace kontynuował jego syn Ramzes II, to jednak obiekt nigdy nie został ukończony.

Fasada świątyni Hathor

Spojrzenie na „mammisi" z lotu ptaka ➤
Dwa detale świątyni Hathor – głowice świątyni w Denderze

DENDERA

Dendera (grecka nazwa miasta Tentirys) stała się miejscem świętym dzięki obecności trzech różnych sanktuariów. Pierwsze było poświęcone bogu Ihy, grającemu na sistrum synowi Horusa, drugie – samemu Horusowi, a trzecie – bogini Hathor. Dzisiaj pierwsze dwa zabytki zniknęły prawie bez śladu. Ze świątyni Ihy'ego pozostały tylko monumentalne drzwi. Skoro jednak trzeci obiekt pozostał praktycznie nienaruszony, to przy licznych zachowanych ruinach możemy sobie wyobrazić wygląd tego świętego miejsca.

Owym dobrze trzymającym się zabytkiem jest świątynia bogini Hathor (dokładniej „Hat-Hor", co oznacza „domostwo Hora"). Przedstawiano ją często jako świętą krowę albo kobietę o głowie z krowimi rogami.

Zbudowana z granitu, jak większość powstałych w czasach Ptolencjskich, świątynia, którą podziwiamy dzisiaj, jest tylko rekonstrukcją, a właściwie nową budowlą, wzniesioną w miejscu o wiele starszej, prawdopodobnie z czasów Cheopsa i Pepi'ego I. Zabytek składa się między innymi z dużego holu, otwartego na dziedziniec, o wymiarach dwadzieścia pięć na czterdzieści dwa i pół metra i wysokości osiemnastu metrów. Zdobią go dwadzieścia cztery kolumny „hathoryczne", to znaczy kolumny zakończone sześcianowymi głowicami z wizerunkiem twarzy bogini. Wewnątrz znajdowała się jakby mniejsza świątynia, zwana „Kaplicą Najwyższej Świętości", najskrytsze miejsce saktuarium. Tutaj celebrowano misteria narodzin porządku wszechświata z pierwotnego chaosu. Oprócz tego, że Hathor była boginią ładu kosmicznego, opiekowała się również tańcem i muzyką. Właśnie to ostatnie spowodowało chyba, że co roku w Denderze dwudziestego dnia pierwszego miesiąca wylewu hucznie obchodzono popularne „święto pijaństwa".

◄ *Cztery obrazki z bazaru w Luksorze*

Charakterystyczny powóz przed świątynią w Luksorze

LUKSOR

Komuś, kto dzisiaj przybywa do Luksoru, jest trudno wyobrazić sobie, jak wyglądały starożytne Teby. Przez wieki pozostając stolicą państwa egipskiego, były one słynne z powodu swego bogactwa, wszak „każdy bogatszy dom jest tam prawdziwą skarbnicą". To o nich pisze Homer w IX pieśni „Iliady": „Teby – miasto o stu bramach". W czasach świetności Memfis, była to tylko niewielka wioska, gdzie uprawiano kult boga wojny Montu. Znaczenie tego ośrodka zaczęło gwałtownie wzrastać począwszy od panowania X dynastii i to ze względów zarówno politycznych, jak też ekonomicznych. Wreszcie Teby stały się stolicą Nowego Państwa. Z tego też okresu datuje się w Tebach początek kultu Amona, wchodącego w skład triady tebańskiej obok Mut i Chonsu. Wszelkie uroczystości ku czci tego boga odbywały się tutaj z wyjątkową pompą. Każde zwycięstwo, każdy triumf uświetniano budową nowej wspaniałej świątyni. I oto w 672 r. p.n.e. Aszur-ban-pal złupił miasto, słynące ze swego przepychu, a Teby już nigdy nie odzyskały dawnej świetności. Ostateczny upadek nastąpił w czasach ptolemejskich. Za Rzymian były to już tylko ruiny. Podobnie jak w przypadku Memfis, w Tebach również spełniło się proroctwo, wypowiedziane tym razem przez Ezechiela: „Teby zostaną rozdarte na dwoje" (Ezechiel XXX, 16). Starożytną egipską stolicę rzeczywiście przecina na pół kanał. Część południowa – to obecny Luksor, zaś północna jest znana jako Karnak.

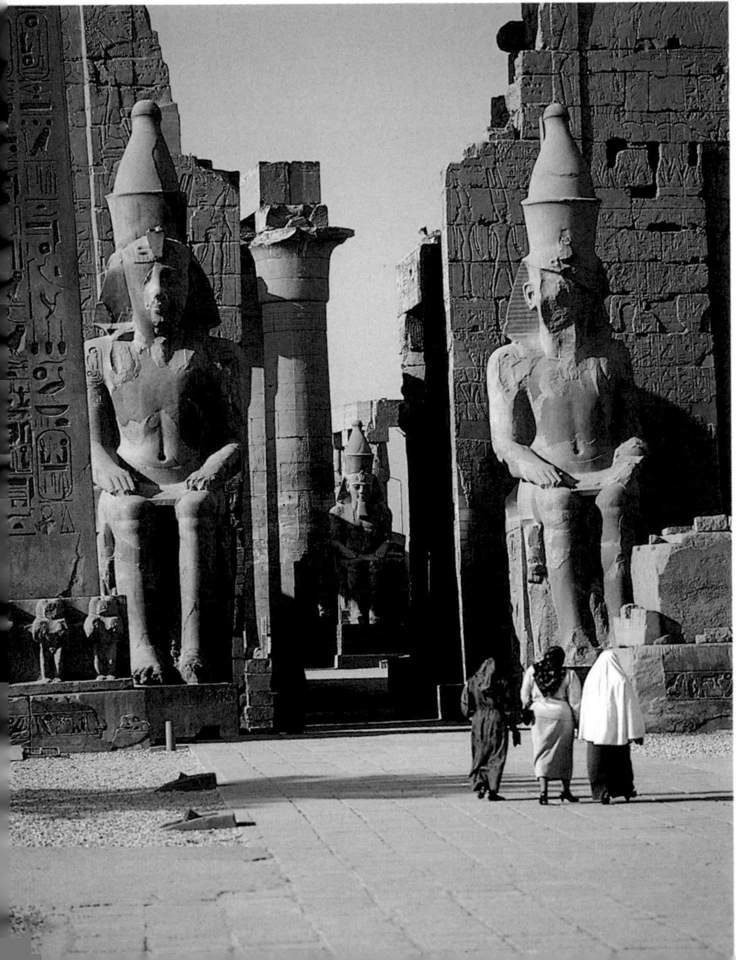

Jedyny świadek dawniej świetności Luksoru to olbrzymia i wspaniała świątynia, którą Egipcjanie nazywają „Południowym haremem Amona". Mierzy ona sobie dwieście sześćdziesiąt metrów długości. Jej podwaliny wzniósł Amenhotep III, rozbudował Tutmozis III, a zakończenie prac nastąpiło za Ramzesa II. Wspaniałe sanktuarium łączy się z inną świątynią w Karnaku długą aleją sfinksów o baranich głowach, które w czasach XX dynastii zastąpiono głowami ludzkimi. Alei tej nie odkopano jeszcze do końca i nie odrestaurowano. Wciąż trwają prace mające na celu przywrócenie jej pełni dawnego blasku. Aleja kończy się, czy też zaczyna, wejściem do luksorskiej świątyni, które zdobi wielki pylon zbudowany przez Ramzesa II. Ma on sześćdziesiąt pięć metrów szerokości, a zdobią go płaskorzeźby, ilustrujące przebieg kampanii prowadzonej przez Ramzesa II przeciw Hetytom, oraz inskrypcje z tak zwanym „Poematem Pentaura", wysławiającym bohaterskie czyny faraona. Przed pylonem stały niegdyś dwa obeliski Ramzesa II, dzisiaj pozostał z nich tylko jeden, wysokości dwudziestu pięciu metrów. Drugi wywieziono do Francji

Posąg Ramzesa II
Widok na meczet z wewnętrznego dziedzińca
Posągi Ozyrysa pomiędzy kolumnami

◄ Trzy ujęcia pylonu świątyni Amona z obeliskiem oraz posągami Ramzesa II

Dwa ujęcia wielkiego dziedzińca świątyni Amenhotepa III

Ta sama świątynia widziana z zewnątrz. Uwagę przyciągają okrągłe kolumny z głowicami w kształcie rozwiniętego kwiatu papirusu

w 1833 roku, gdzie 25 października 1836 roku inżynier Lebas postawił go na Placu Zgody w Paryżu. Z boku przy wejściu są dwa granitowe posągi przedstawiające faraona zasiadającego na swym tronie. Mają one piętnaście i pół metra wysokości, a bok kwadratowej podstawy wynosi około jednego metra. Początkowo wymienione wyżej rzeźby stały obok czterech olbrzymich posągów z różowego granitu, odwróconych plecami do pylonu. Jeden z nich przedstawiał królową Nefertari, a inny, po prawej (który wciąż tam stoi, chociaż jest bardzo zniszczony) – jej córkę Meritamon. Przekroczywszy to triumfalne wejście, stajemy na dziedzińcu Ramzesa II. Ujrzymy tam dwa rzędy kolumn z głowicami w kształcie zamkniętego kwiatu lotosu, a pomiędzy nimi posągi Ozyrysa. Ten ogromny dziedziniec mieści w sobie malutką świątynię Tutmozisa III. Składa się ona z trzech kaplic poświęconych Amonowi, Mut i Chonsu, czyli triadzie, której kult uprawiano w Karnaku. Z tego dziedzińca dwudziestopięciometrowa kolumnada prowadzi nas na dziedziniec Amenhotepa III. On również jest otoczony z trzech stron dwoma rzędami kolumn z głowicami w kształcie zamkniętego kwiatu papirusa, prawdziwy skamieniały las, niezwykle przejmujący widok.

Fasada samej świątyni także jest bardzo interesująca. Zewnętrzną ścianę rozcinają liczne drzwi prowadzące do różnych kaplic bocznych, gdzie utrwalono sceny z bitew przeciwko koalicji syryjsko-hetyckiej oraz obrazy ceremonii religijnych. Przy jednej ze ścian daje się jeszcze odnaleźć pozostałości budynków, które niegdyś stanowiły obóz rzymski (po łacinie „castrum"). Dzisiejsza nazwa Luksor pochodzi od arabskiego „El Kusur", co jest właśnie zniekształceniem łacińskiego „castrum".

KARNAK

W odległości około trzech kilometrów od luksorskiej świątyni znajduje się ogromne pole usiane zabytkami Karnaku, zwanego przez Greków Hermonthis. Jest ono podzielone na trzy części masywnymi ceglanymi ścianami. Środkowa i zarazem największa, zajmująca obszar około trzydziestu hektarów, jest najlepiej zachowana. Diodor z Sycylii przekazuje, że była ona starsza niż cztery świątynie tebańskie. Centralne miejsce zajmuje tu świątynia poświęcona Amonowi. Po lewej stronie widnieje sanktuarium Montu, boga wojny, zbudowane na planie prostokąta o powierzchni dwóch i pół hektara. Po drugiej stronie znajduje się sanktuarium bogini Mut, żony Amona, którą symbolizuje gryf. Obiekt ten zajmuje powierzchnię około dziewięciu hektarów, z czego połowy – jak do tej pory – nie zbadano.
Wielka świątynia Amona zdumiewa przede wszystkim swoimi niewyobrażalnymi rozmiarami. Jest to największa w świecie świątynia podtrzymywana przez kolumny i jest ona tak ogromna, że z łatwością mogłaby pomieścić w całości paryską katedrę Notre Dame. Zdaniem Leonarda Cottrella „mogłaby przykryć co najmniej połowę Manhattanu". Największe wrażenie robi przedsionek, z którego emanuje wzniosłość i rozmach. Jego długość wynosi sto dwa metry, szerokość pięćdziesiąt

Trzy ujęcia alei sfinksów o głowach barana, która prowadzi do pierwszego pylonu świątyni w Karnaku

Gigantyczny posąg Pinedżema z pierwszego dziedzińca
Zachowana kolumna z pawilonu Taharki

Sfinksy Ramzesa II w tzw. „etiopskim dziedzińcu" ➤
Jedna ze ścian świątyni Ramzesa III

trzy. Wewnątrz wznoszą się sto trzydzieści cztery kolumny dwudziestotrzymetrowej wysokości każda. Jedyne, co przychodzi na myśl i co można powiedzieć w tym miejscu, to że kpią one sobie z mijających wieków! Górna powierzchnia głowic o kształcie rozwiniętego papirusu ma około piętnastu metrów kwadratowych powierzchni i mogłaby stanowić pomost dla pięćdziesięciu ludzi. Ten las kolumn dostarcza patrzącemu niesamowitych wrażeń i emocji zarówno z powodu swego ogromu, jak też dzięki grze świateł i cieni, przesuwających się pomiędzy nimi. Za panowania XIX dynastii w świątyni Amona i dla niej pracowały osiemdziesiąt jeden tysięcy trzysta dwadzieścia dwie osoby, jako że liczymy nie tylko kapłanów i straże, ale również robotników i podporządkowanych chłopów. Świątynia utrzymywała się dzięki wpływom ze znacznej liczby majątków, targowisk i pracowni rzemieślniczych. Do tego trzeba jeszcze doliczyć ogromne bogactwa, jakie faraon przywoził ze swych zwycięskich wypraw wojennych. Wielu władców przyczyniło się do realizacji głównego przedsionka. Amenhotep III zbudował w nawie głównej dwanaście kolumn, podtrzymujących olbrzymie architrawy. Ramzes I zapoczątkował prace zdobnicze, które kontynuowali Seti I i Ramzes II.

Cztery ujęcia przedsionka (detale)

Obok przedsionka stał niegdyś (dziś zaledwie resztki) dwudziestotrzymetrowej wysokości obelisk Tutmozisa I o wadze stu czterdziestu trzech ton. Przepych budowy sięgnął szczytu za panowania jego córki Hatszepsut, która nie szczędziła wydatków i – według kronikarzy epoki – „rzucała sakiewkami złota tak, jakby to były najwyżej woreczki zboża". Cóż po tym wszystkim można powiedzieć o „Przedsionku biesiadnym", czyli „Achmenu", Tutmozisa III? Tutaj także są dwa rzędy po dziesięć kolumn każdy i jeden rząd składający się z trzydziestu dwóch prostokątnych filarów. Z resztek malowideł ściennych, jakie datujemy na VI w.n.e.,

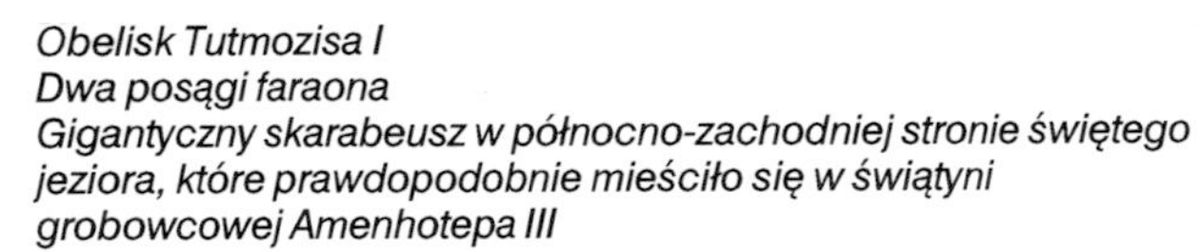

Obelisk Tutmozisa I
Dwa posągi faraona
Gigantyczny skarabeusz w północno-zachodniej stronie świętego jeziora, które prawdopodobnie mieściło się w świątyni grobowcowej Amenhotepa III

Spojrzenie z lotu ptaka na święte jezioro, z wielkim przedsionkiem w tle ➤
Fragment obelisku Amenhotepa III

można wywnioskować, że został on wtedy na jakiś czas przemieniony w kościół przez nieznanych chrześcijańskich mnichów.
Zespół świątynny w Karnaku miał również swoje święte jezioro długości stu dwudziestu metrów. Według Herodota, kapłani odprawiali tutaj nocne rytuały. Dzisiaj w jeziorze można podziwiać odbicie imponujących ruin, zwłaszcza w noce, gdy monumentalne ściany ożywają dzięki niezapomnianym przedstawieniom z cyklu „Światło i dźwięk".

Fragmenty ściany, zwanej „talatat", z pałacu Echnatona
Bogini Hathor z grobowca Tutenchamona

MUZEUM W LUKSORZE

Pomimo że powstało stosunkowo niedawno, Muzeum w Luksorze prezentuje wiele interesujących wystaw. Najbardziej godnym uwagi przykładem jest rekonstrukcja ściany o długości osiemnastu metrów ze świątyni, którą Echnaton zbudował w Tebach. Dwieście osiemdziesiąt trzy bloki, które się na nią składają, odnaleziono w dziewiątym pylonie świątyni Amona w Karnaku, gdzie służyły za wypełnienie. Na odtworzonej z nich ścianie widzimy setki małych scenek rodzajowych, między innymi ukazujących pracę w polu albo w warsztacie artysty oraz samego faraona wraz z królową Nefertiti, oddających cześć słonecznemu dyskowi. W gablocie przy wejściu do muzeum warto zwrócić uwagę na przepiękną głowę byka, wykonaną z pozłacanego drewna.

KOLOSY MEMNONA

Na rozległej równinie wokół Teb, pomiędzy Nilem a Doliną Królów, wciąż można podziwiać pozostałości monumentalnej alei, która niegdyś wiodła do świątyni Amenhotepa III. Świątynia – niestety – uległa całkowitemu zniszczeniu, a to, co z niej pozostało, określa się mianem „Kolosów Memnona". Te dwa gigantyczne, dwudziestometrowej wysokości posągi, których same stopy mają dwa metry długości i metr grubości, zostały wykute z całych, jednolitych bloków piaskowca. Przedstawiają one faraona siedzącego na tronie z rękami złożonymi na kolanach. Kolos, wysunięty bardziej na południe, choć również zniszczony, ucierpiał jednak w mniejszym stopniu niż jego sąsiad. Z tym ostatnim wiąże się pewna legenda.
W roku 27 p.n.e. trzęsienie ziemi, które dotknęło okolice Teb, spowodowało

Słynne „Kolosy Memnona"

pęknięcie olbrzymiego bloku. Górna część posągu, aż do talii, pokruszyła się i odpadła. Wielu historyków uważa jednak, że uszkodzenia te należy raczej przypisać wandalizmowi Kambizesa, albowiem Egipt nigdy nie był w strefie podwyższonej aktywności sejsmicznej. Zauważono, że każdego ranka podczas wschodu słońca posąg wydaje przeciągłe nieokreślone dźwięki. Niektórzy podróżnicy wierzyli, że słyszą smutną, lecz harmonijną pieśń. Greccy poeci wkrótce ukuli z tych faktów nie pozbawioną uroku legendę, cytowaną przez wielkich historyków, takich jak Straboniusz, Pauzaniasz, Tacyt, Lukan i Filostratos. „Śpiewający kamień" miałby jakoby być Memnonem, mitycznym synem Eos i Titonosa, królem Egiptu i Etiopii. Ojciec wysłał go do Troi, obleganej przez Greków, gdzie wsławił się zabiciem Antylochosa, syna Nestora, jednak sam z kolei padł w pojedynku z niepokonanym Achillesem. Zrozpaczona Eos ubłagała wszechpotężnego Zeusa, aby choć na chwilę w ciągu dnia przywracał mu życie. Od tej pory każdego ranka, kiedy Eos pieści syna swymi promieniami, kamień odpowiada niepocieszonej matce żałosnym melodyjnym szlochem...

Nie bacząc na poetycki urok tej opowieści, zjawisko ma bardzo przyziemne objaśnienie. Dźwięki są bowiem wynikiem wibracji nierównych powierzchni w wyniku gwałtownego ich ogrzania pierwszymi promieniami słońca po niezwykle zimnych nocach. Historia również potwierdza to naukowe wytłumaczenie. Tak się składa, że żaden autor przed Straboniuszem nie wspomina o „śpiewającym" Kolosie Memnona. Mówią o tym ci, którzy żyli pomiędzy datą zniszczenia posągu, a datą jego odbudowy przez Septimusa Severusa (193-221 n.e.). U stóp posągu odnajdujemy sporo, w wielu przypadkach dziwnych, inskrypcji, jakie pojawiły się tam w ciągu wieków. Oto jedna z nich: „O, Tetydo, która rządzisz wodami! Patrzaj, jak Memnon ciągle żyje i ogrzany matczynym ciepłem wznosi swój donośny głos w Egipcie, u podnóża Gór Libijskich, gdzie Nil dzieli na dwoje Teby, miasto o pięknych bramach, podczas gdy Twój Achilles, niegdyś niezwyciężony w bitwach błąka się teraz w milczeniu po polach Troi i pośród gór Tesalii".

Świątynia w Medinet Habu

Ozyryczne filary na wewnętrznym dziedzińcu ➤
Rzeźba grupowa, przedstawiająca dwóch bogów
Sechmet, bogini o głowie lwa

MEDINET HABU

Przez długi okres Medinet Habu było tylko bogatym kamieniołomem i niczym więcej. W czasach chrześcijańskich zamieszkiwali tu Koptowie. Powiększyli oni swoją wieś (ówczesna nazwa – Dżeme) i przyłączyli do niej spory obszar, jaki niegdyś zajmowała świątynia. Dzięki temu zachowało się wiele rzeczy, które pozostając kopalnią, uległyby bezpowrotnemu zniszczeniu. Współczesne wykopaliska wydobyły na światło dzienne ślady całego miasta, które rozciągało się wokół pałacu faraona, niestety – tylko jeden budynek przetrwał na powierzchni w rozpoznawalnej formie. Jest to domek dozorcy cmentarnego.

Zespół zabytków w Medinet Habu składa się ze świątyni Ramzesa III, przed którą stoi mniejsza – Tutmozisa I, oraz kilku kaplic bóstw towarzyszących kultowi Amona. Przepiękna jest tu Brama Południowa, znana też jako Pawilon Królewski. Znajduje się ona pomiędzy dwoma wieżami, a nad nią przebiegają dwa rzędy wydłużonych okien o wyraźnie obronnym charakterze. Również płaskorzeźby na murach wież podkreślają jakby militarne przeznaczenie budowli. Widnieją na nich sceny składania ofiar z więźniów i jeńców wojennych, przywleczonych przez faraona przed oblicze Amona, a także inne.
Świątynia Ramzesa III jest pod względem architektonicznym jedną z najdoskonalszych budowli, jaką pozostawili po sobie Egipcjanie. Minąwszy sześćdziesięciotrzymetrowej wysokości pylon, ozdobiony scenami wojennymi, wchodzi się na pierwszy dziedziniec, którego jedną stronę stanowi galeria z ozyriańskimi filarami. Potem, za następnym pylonem, wkraczamy na drugi dziedziniec, by dotrzeć do głównego holu z grupą posągów przedstawiających Ramzesa III u boku boga Thota. Nie wszystkie jednak dekoracje Medinet Habu wyrażają wojenne nastroje. Na przykład na jednym z architrawów bogini Nechbet, ukazana jako gryf, ochrania Górny Egipt i symbolicznie całą świątynię.

RAMESSEUM

Ramesseum to nazwa nadana w zeszłym wieku kompleksowi świątynnemu, wzniesionemu przez Ramzesa II pomiędzy pustynią a wioską Gurnah. Sam Diodor Sycylijski zachwycał się przepychem i doskonałością architektoniczną budowli. Niestety, do dzisiaj przetrwało zaledwie parę ruin. Na fasadzie przedsionka wciąż widzimy filary z przylegającymi do nich posągami, które ukazują faraona pod postacią Ozyrysa (z tego właśnie powodu nazywa się je ozyrycznymi filarami). Tam też niby powalony olbrzym spoczywają resztki posągu Ramzesa II, zasiadającego na tronie. Z przybliżonych obliczeń wynika, że kolos ten musiał mierzyć co najmniej siedemnaście metrów wysokości i ważyć ponad tysiąc ton.
Dekoracje świątyni znowu sławią wyczyny wojenne faraona, który powstrzymał najazd Hetytów. Niemniej jednak są tam i inne sceny – ukazują one święta ku czci Mina, prehistorycznego boga urodzaju, obchodzone w pierwszym miesiącu lata, oraz to, jak faraon składa z tej okazji ofiarę w postaci białego byka. Jedna z niezwykłych i zarazem bardzo interesujących dekoracji znajduje się na ścianie przedsionka świątynnego. Przedstawiono na niej synów i córki faraona, stojących w dwóch rzędach zgodnie z porządkiem sukcesji. Na osiemnastym miejscu znajduje się tu Mineptah – rzeczywisty następca Ramzesa na egipskim tronie.

Ogólny widok na ozyryczne filary głównego przedsionka ➤
Resztki olbrzyma

Świątynia grobowcowa Ramzesa II, zwana Ramesseum

DOLINA KRÓLÓW

Górzyste stoki za Tebami są pocięte wieloma małymi dolinkami. Dolina Królów, znana również jako „grobowce króla Biban el-Muluk", jest z nich nasłynniejsza.
Pierwotnie był to tylko niewielki przełom pomiędzy górskimi rozpadliskami. I dzisiaj, nawet po wybudowaniu wielu dróg ułatwiających dojazd, to miejsce pozostaje nadal jakby nietknięte i wciąż zachowuje swą fascynującą tajemniczość. Historia zaczyna się od nietypowej decyzji faraona Tutmozisa I, by zbudować grobowiec dla siebie nie tylko z dala od znanych nekropolii i nie w monumentalnej budowli, lecz ponadto w jakimś ściśle zakonspirowanym miejscu. Jego postanowienie zburzyło tradycję liczącą sobie ponad tysiąc siedemset lat. W samotnej dolinie architekt Ineni zaprojektował dla swego władcy grobowiec przypominający studnię. W litej skale wykuto następnie schody prowadzące do komnaty grzebalnej. W ten sposób powstała nowa tradycja naśladowana przez wszystkich następców faraona.
Niczym niezakłócony spoczynek Tutmozisa I nie trwał jednak długo. Podobny los spotkał też innych władców. Historia Doliny Królów to po prostu jedna długa opowieść o grabieżach, plądrowaniu i nocnych włamaniach przy świetle kilku latarek. Nie tylko złodzieje systematycznie w ciągu całej starożytności przeszukiwali groby faraonów dla klejnotów i innych bogactw. Również głęboko religijni, wierzący ludzie, wiedząc, że ubóstwiani władcy nie są bezpieczni, przenosili ich z jednego miejsca, aby pochować w innym. W ten oto sposób Ramzesa III grzebano trzykrotnie!
Prawie wszyscy mieszkańcy wioski Gurnah utrzymywali się ze sprzedaży przedmiotów wykradzionych z grobowców. Plądrowanie mogił w celach praktycznych stało się od XIII w.p.n.e. aż do naszych czasów rodzajem profesji przekazywanej z ojca na syna. Rodzina Abdul Rasula stała dla własnej korzyści na straży pewnej wielkiej tajemnicy: otóż sarkofagi trzydziestu sześciu faraonów zgromadzono niegdyś na jednym, odosobnionym, dobrze ukrytym cmentarzysku. Sekret wyszedł na jaw w 1881 roku dopiero po długich i uporczywych przesłuchaniach jednego z członków rodziny. Wkrótce zastępca dyrektora Muzeum Kairskiego zszedł do czegoś, co przypominało wejście do sztolni. Trudno wyobrazić sobie, co musiał czuć ten naukowiec, gdy skąpe światło latarki ukazało ziemskie szczątki wielkich faraonów świata starożytnego bezładnie zwalone na kupę. Tak oto leżały przed nim ciała Amozisa I, Amenhotepa I, Tutmozisa III i Ramzesa II, już za życia zwanego Wielkim...
Tydzień później dwustu ludzi spakowało mumie i przeniosło je w dół doliną do statku, który miał je przewieźć do Muzeum Kairskiego. A wtedy wydarzyło się coś bardzo dziwnego

Wejścia do grobowców Ramzesa VI oraz Tutenchamona
Droga ku dolinie. W tle Tebańska Korona

i wzruszającego zarazem. Na wieść o tym, że odkryci na nowo faraonowie mają opuścić swoje prastare cmentarzysko, okoliczni chłopi wraz z rodzinami zebrali się na brzegu rzeki, a gdy statek wolno przepływał koło nich, oddali cześć swoim starożytnym władcom – mężczyźni strzelali w powietrze, a kobiety zawodząc przeraźliwie i lamentując posypywały głowy popiołem.

Grobowiec Ramzesa IX

Chociaż stosunkowo bardziej od innych zniszczony, grobowiec ten jest niezwykle interesujący ze względu na malowidła ilustrujące „Księgę zmarłych", „Litanie słoneczne" oraz „Księgę rzeczy z Duat".

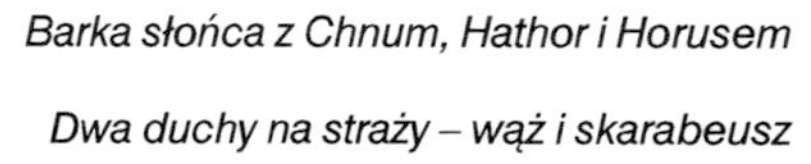

Barka słońca z Chnum, Hathor i Horusem

Dwa duchy na straży – wąż i skarabeusz

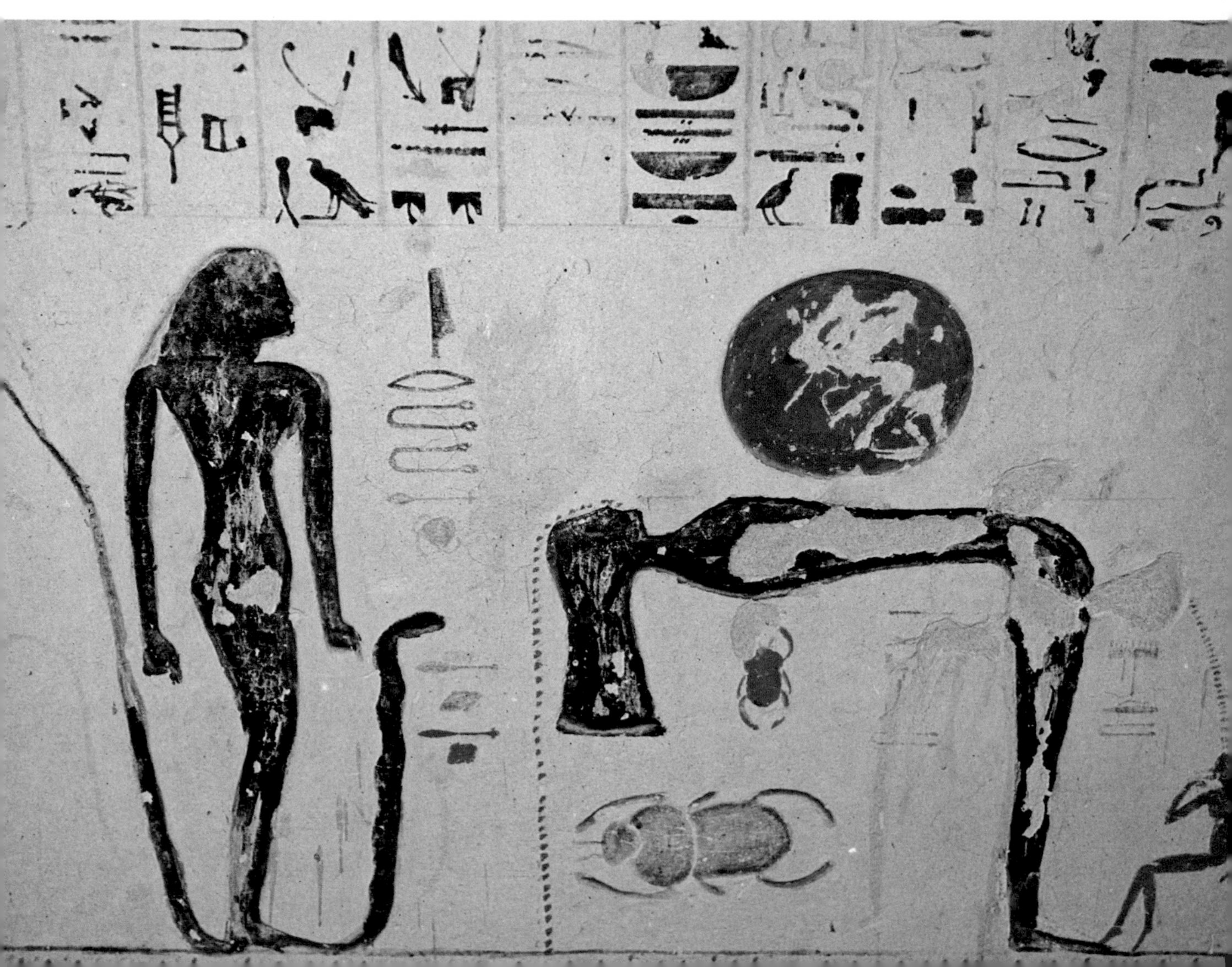

Grobowiec Tutenchamona

Złota maska Tutenchamona, obecnie w Muzeum Egipskim w Kairze ➤

Grobowiec Ramzesa VI

Ten bardzo mały grobowiec wyróżnia się wspaniałym sufitem. Przedstawiono na nim dwie półkule niebieskie oraz gwiezdnych bogów, którzy idą w procesji za barką słońca spływającą wodami niebiańskiego Nilu.

Grobowiec Tutenchamona

Historia odkrycia grobowca tego faraona, zmarłego w wieku niespełna osiemnastu lat, jest zbyt długa, zbyt fascynująca i tajemnicza, aby przedstawić ją tutaj w całości.
Odkrył go 4 listopada 1922 roku Howard Carter działający na polecenie lorda Carnavona. Zdarzenie to przeszło do historii z powodu niezwykłej ilości skarbów, jakie na szczęście przetrwały w grobowcu, przeoczonym przez hieny cmentarne. Również i dzisiaj warto przeczytać relacje samego Cartera, opisujące dzień po dniu, minuta po minucie, dzieje tego historycznego odkrycia w najdrobniejszych szczegółach i następujących po sobie fazach.
W przeciwieństwie do swej zawartości, sam grobowiec jest bardzo skromny, chyba dlatego że budowano go w ogromnym pośpiechu z racji nieoczekiwanej śmierci młodego króla. Wewnątrz pośród licznych ozdób charakterystycznych dla takich miejsc znalazło się coś zupełnie wyjątkowego z racji swej niezwykłej urody – sarkofag faraona. A dokładniej – sarkofagi, albowiem mumia królewska spoczywała w trzech skrzyniach. Pierwsza była ze złoconego drewna, druga również z pozłacanego drewna, ale z dodatkiem szkliwa, a trzecia z czystego złota. Złoty sarkofag stanowi przykład najwyższego mistrzostwa w sztuce złotniczej wszystkich czasów. Waży dwieście kilogramów, ma półtora metra wysokości i zdobią go inkrustacje z lapis-lazuli, turkusów i karnioli.
Niemniej – pośród całego tego przepychu – drobiazgiem, który zrobił największe wrażenie na Cartera i jego towarzyszy, był bukiecik zasuszonych kwiatów – ostatni przejmujący gest od małżonki króla-chłopca. Wreszcie nie zapominajmy, że przy całym romantyzmie, jaki towarzyszył odkryciu grobowca, istnieje także ponury, choć równie tajemniczy aspekt sprawy, znany jako „klątwa Faraona". Przypadki gwałtownej śmierci, jakie stały się udziałem większości uczestników ekspedycji Carnavona, z wyjątkiem samego Cartera, co zresztą powinno by zastanowić wszystkich przesądnych, dały powód do snucia opowieści o zemście zza grobu zmarłego faraona, któremu zakłócono wieczne odpoczywanie.
Historia oczywiście roi się od takich legend, a ta dodatkowo ubarwia i tak już ciekawą opowieść o Tutenchamonie.

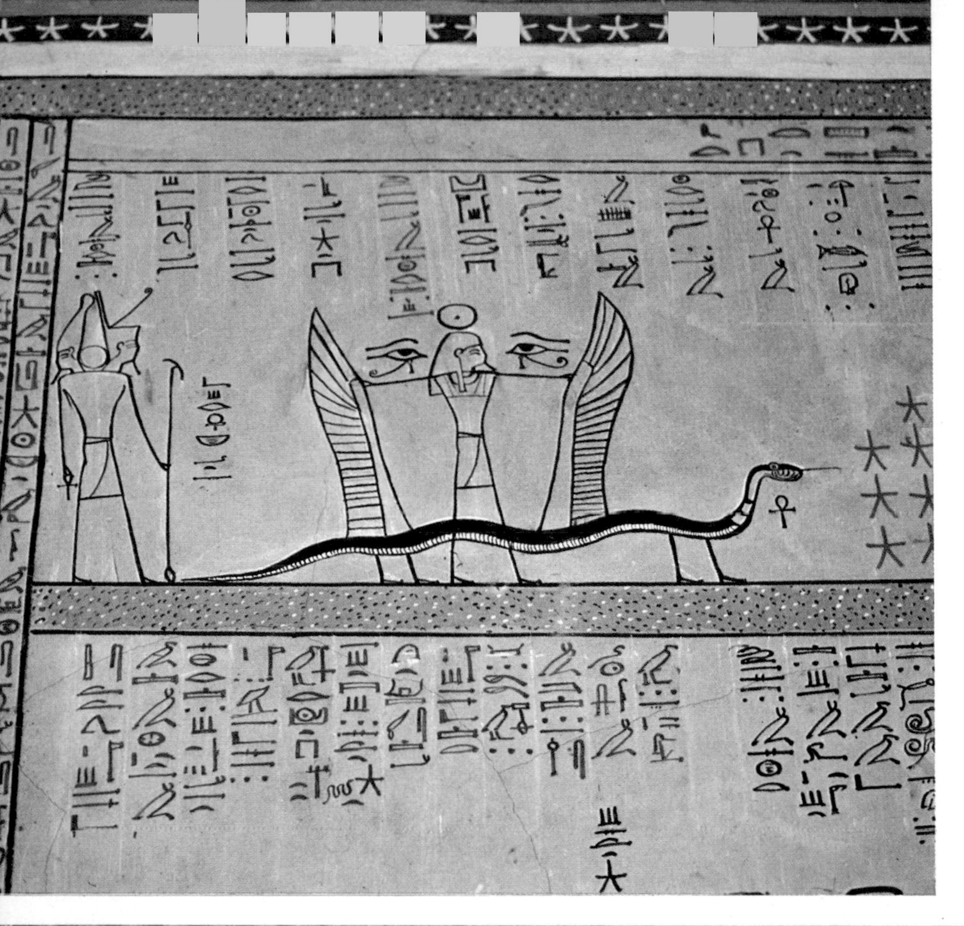

Grobowiec Amenhotepa II

Grobowiec Amenhotepa II leży u podnóża skalistego uskoku. Długi korytarz z licznymi stopniami prowadzi w głąb, a po gwałtownym skręcie pod kątem prostym otwiera przed nami ogromną salę, której sufit podtrzymuje sześć wspaniale zdobionych prostokątnych filarów. W tej właśnie komnacie odnaleziono grobowiec władcy. Mumia pozostała nietknięta, łącznie z girlandą kwiatów wokół szyi i gałązką mimozy położoną na sercu. Ze ścian – niczym z rozpostartego zwoju papirusu – patrzą na nas świetnie zachowane sceny obrazujące „Księgę rzeczy z Duat".

Faraon o dwóch twarzach z koronami Górnego i Dolnego Egiptu i z poprzedzającym go słonecznym wężem

Bóstwa, naczynia sferyczne oraz inne symbbole zmartwychwstania

Komora sarkofagowa. Ściany udekorowano tu scenami z „Księgi rzeczy z Duat" ➤

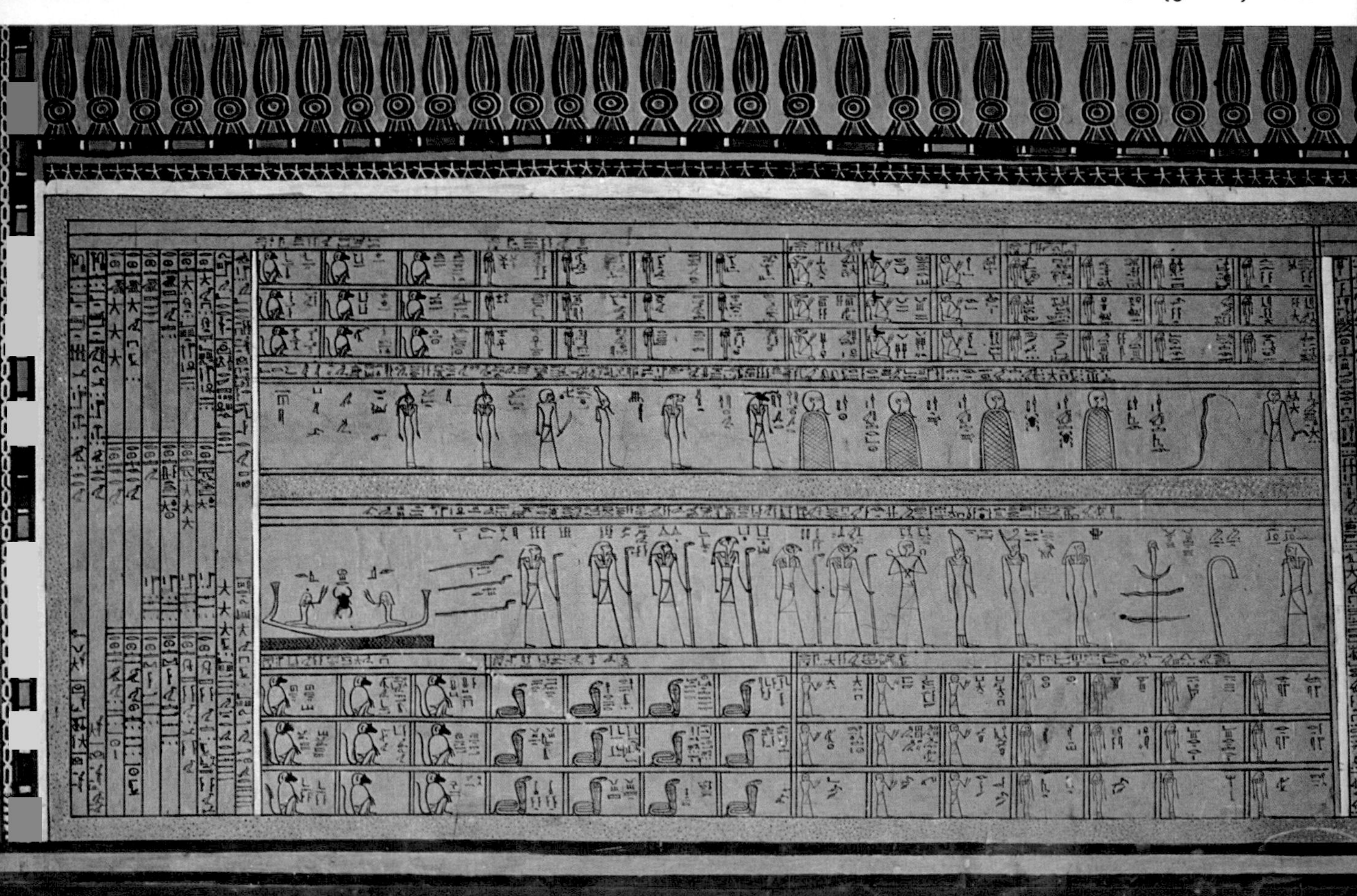

Grobowiec Tutmozisa III

Grobowiec ten, o bardzo trudnym dostępie, zawiera malowidła, które z powodu zwięzłości stylu graficznego należą do najpiękniejszych w całej Dolinie Królów. Niezwykle oryginalnym i zarazem bardzo ważnym władcą był ten Tutmozis III. Syn Tutmozisa II z nieprawego łoża został po śmierci ojca proklamowany faraonem i niemal natychmiast jako zbyt młody odsunięty od tronu przez własną ciotkę Hatszepsut, która ogłosiła się regentką. Tutmozis III odegrał się za to na niej po jej śmierci, systematycznie i z uporem usuwając imię królowej ze wszystkich pomników i wstawiając na to miejsce imiona własne i swego ojca.
Wyprawy wojenne tego króla stały się bardzo sławne, a zwłaszcza osiem kampanii przeciwko Mitannom. Jego armia zadziwiła świat morską wyprawą do Fenicji, gdzie zeszła na ląd, by przemaszerować całą Syrię, wlokąc za sobą statki gotowe do przepłynięcia Eufratu. Wreszcie władca wydał tubylcom bitwę, zwyciężył i z całą bezwzględnością ścigał pokonanego wroga.

Grobowiec Setiego I

Z powodu swej skomplikowanej konstrukcji, grobowiec Setiego I jest najbardziej godny uwagi w tebańskiej nekropolii. Znajdują się tam liczne wielopoziomowe schody i galerie, prowadzące do sal wspieranych przez masywne filary. W jednej z takich komnat Giovanni Battista Belzoni odkrył sarkofag faraona wyrzeźbiony z pojedynczego alabastrowego bloku. Mumii jednakże już tam nie było. Najwyraźniej została wraz z innymi przeniesiona do jakiejś nieznanej wspólnej mogiły.

Barka boga Chnum i wąż ochraniający tabernakulum z bogiem o baraniej głowie

Przedstawiciele świata Duat z wężem Apofisem oraz Ozyrysem i procesją duchów i bożków. Oba światy oddziela długa ściana z otwartymi drzwiami, których pilnują nieziemscy strażnicy

◄ *Siedemset czterdzieści bóstw-strażników*

◄ *Komora grobowcowa z sarkofagiem*

DOLINA KRÓLOWYCH

Około półtora kilometra od Doliny Królów znajduje się Dolina Królowych, zwana obecnie Biban el-Harim. W okolicy tej odkryto osiemdziesiąt grobowców, jednak bardzo zniszczonych; niektóre z nich noszą ślady ognia, innych używano jako stajni i obór.
Większość grobowców pochodzi z lat od około 1300 do 1100 p.n.e., to znaczy z czasów panowania XIX i XX dynastii. Położone są w nieco szerszym wąwozie niż Dolina Królów, z łatwiejszym dostępem. Prowadzi do nich droga, na której umieszczono liczne stele upamiętniające wyczyny Ramzesa III. Na niektórych skałach wyryto również modlitwy do Ozyrysa i Anubisa.

Grobowiec królowej Thiti

Używany przez jakiś czas jako stajnia dla osłów, grobowiec królowej Thiti, która była chyba żoną jednego z faraonów XX dynastii, zachwyca pięknymi malowidłami w delikatnych odcieniach różu.

Grobowiec Amonherchopechefa

Należy odnotować, że dzieci faraonów zmarłe w niemowlęctwie również chowano w Dolinie Królowych, stąd obecność omawianego zabytku w tym właśnie miejscu. Grobowiec księcia, syna Ramzesa III, jest wyjątkowy zarówno ze względu na błyskotliwość rysunku, jak też intensywność jego barw z przewagą błękitu ultramaryny. W pierwszej sali malowidła ukazują faraona podczas prezentacji syna różnym bogom, takim jak Thot, Ptah oraz czterem synom Horusa o imionach – Hapi, Amset, Duamutef i Kebensenuf. Ostatni czterej bogowie po rytuale mumifikacji, w którym biorą udział obok Ozyrysa i Anubisa, stają się opiekunami tak zwanych naczyń sferycznych.

Królowa w rytualnym nakryciu głowy, jej opływowe szaty symbolizują ofiarę dla czterech duchów tamtego świata

Fryz architrawu z uskrzydlonym dyskiem słonecznym i kobrami po bokach ➤

Książę Amonherchopechef z bogiem Arietesem o baraniej głowie ➤

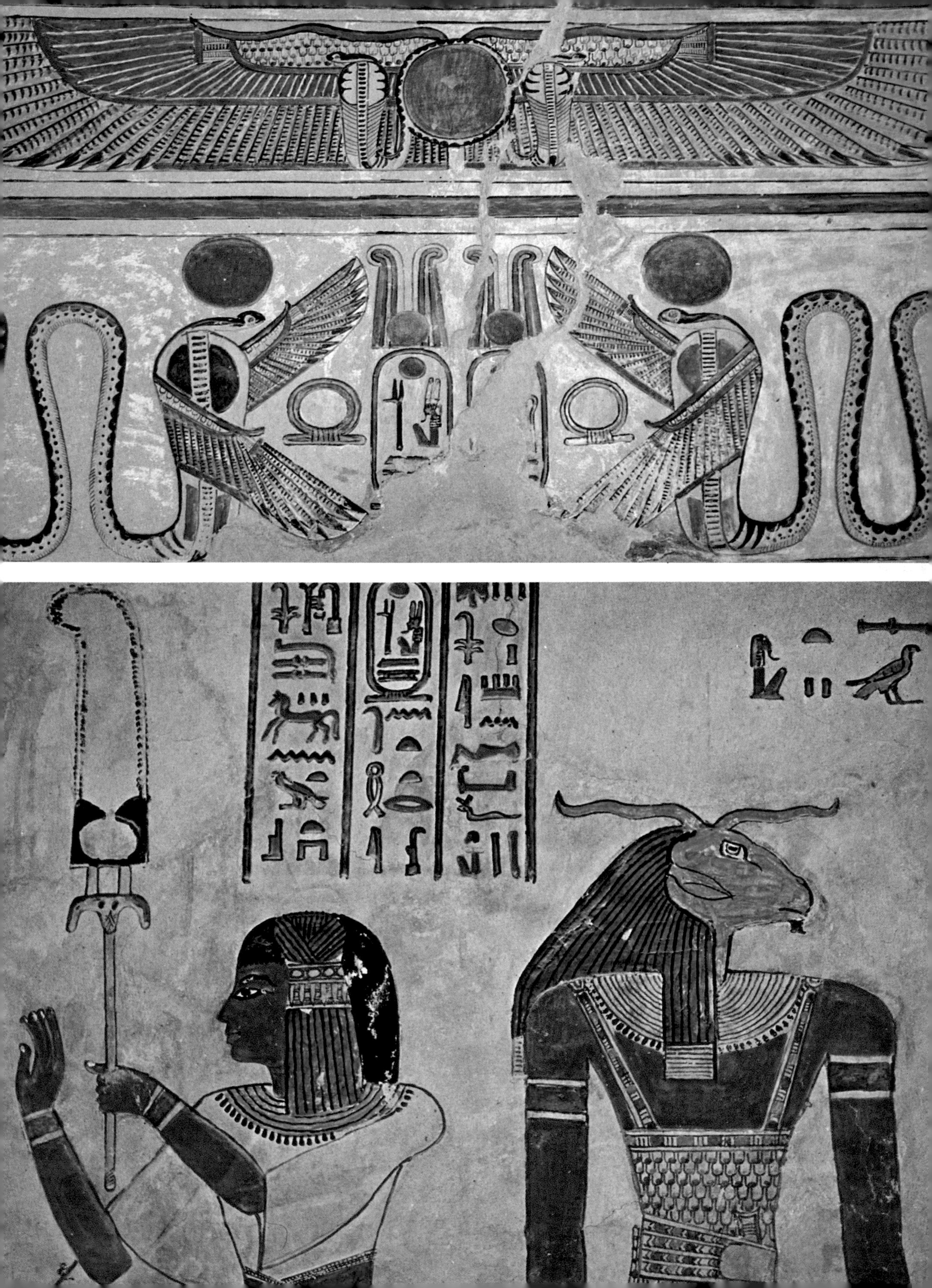

Ramzes III z boginią Izydą oraz młodszym synem, który zmarł w pałacu tebańskim podczas epidemii

Dwie sceny, w których Ramzes III wprowadza swego syna do świata zmarłych. W pierwszej przedstawia go Ptahowi, bóstwu śmierci, w drugiej – bogu Thot, strażnikowi zaświatów o psiej głowie ➤

Grobowiec Praherumenefa

Praherumenef był kolejnym synem Ramzesa III, zmarłym we wczesnym dzieciństwie, i przez to wraz ze swymi braćmi spoczywającym w tej właśnie dolinie. Istniejące w jego grobowcu malowidła w większym lub mniejszym stopniu przypominają dekoracje z innych grobowców i ukazują księcia w chwili, gdy ojciec przedstawia go różnym bóstwom. W tym jednak przypadku dominującymi kolorami są żółta ochra oraz róż.

Trzech strażników uzbrojonych w długie noże, którzy pilnują drzwi do świata Duat. Można tu rozpoznać (od prawej) boginię Nechbet, patronkę Górnego Egiptu, przedstawioną w charakterze sępa, obok niej stoi Sobek z głową krokodyla i wreszcie najdalej w lewo ukazano jeszcze jednego strażnika widzianego z przodu (bardzo rzadki przypadek w ikonografii egipskiej, gdzie obowiązywała zasada portretowania postaci z profilu)

Trzy zwierzęce bóstwa o psich głowach, zwane „strażnikami jutrzenki” stoją na straży wejścia do świata Duat. Postać wyprostowana jest uzbrojona w długi nóż

Widok ogólny na zespół grobowcowy

DEIR EL-BAHARI

Tysiąc dwieście lat po Imhotepie inny architekt – Senmut – przeszedł do historii jako projektant pewnego architektonicznego majstersztyku. Królowa Hatszepsut, która w większym stopniu interesowała się sztuką niż zdobyczami wojennymi, rozkazała zbudowanie monumentalnego kompleksu grobowcowego dla swego ojca Tutmozisa I i dla niej samej. Na miejsce tego przedsięwzięcia wybrała dolinę, która wcześniej była już poświęcona bogini Hathor, ale potem została całkowicie zapomniana. O niezwykłej wyobraźni przestrzennej królewskiego architekta świadczy sposób, w jaki wykorzystał on fantazyjność znajdujących się w tle skał.

Potrzeba wkomponowania obiektu w otoczenie stworzyła jego nową, prawdziwie rewolucyjną formę. Świątynia, zwrócona na wschód, składa się z całego szeregu olbrzymich tarasów, połączonych swoistymi rampami, które wiodą prosto do sanktuarium. Tylko podejście do pierwszego tarasu wyznaczała aleja sfinksów i obelisków. Na końcu tego tarasu istniał portyk, od ktorego zaczynała się rampa, prowadząca na drugi taras, również zakończony własnym portykiem. Na jednej ze ścian wykuto całą serię przepięknych płaskorzeźb ukazujących narodziny i dzieciństwo królowej, a także na przykład jej wyprawę do tajemniczego państwa Pun, które musiało leżeć gdzieś w środku Afryki, ponieważ przedstawiono tu żyrafy, małpy, skóry panter oraz wyroby z kości słoniowej.

Tymczasem lewą stronę tejże doliny zajmuje gigantyczna świątynia grobowcowa Montuhotepa I, który pięćset lat

przed królową Hatszepsut również wpadł na pomysł wybudowania tutaj swego wieczystego domostwa. Jego grobowiec pod niektórymi względami jest typowy dla tego rodzaju obiektów z czasów Starego Państwa, ale są też w nim cechy jakby przepowiadające style właściwe dla Nowego Państwa. Potem w grobowcu królowej Hatszepsut rozlokował się jeden z chrześcijańskich klasztorów. Przebywający tam zakon określano jako „zakon północny" – stąd wywodzi się dzisiejsza arabska nazwa całej doliny – Deir el-Bahari. Trzeba doprawdy podziękować niebiosom za ten szczęśliwy obrót spraw, albowiem istnienie w tym miejscu klasztoru uchroniło cenny zabytek przed późniejszymi grabieżami.

Sześć ujęć świątyni w Deir el-Bahari z kolumnadami i freskami naściennymi (detale)

DOLINA NOTABLI

W trzech połączonych ze sobą miejscowościach: Assassif, Chocha oraz Szejch Abd el-Gurna, znajduje się wiele grobowców wysokich urzędników z czasów panowania różnych dynastii Średniego Państwa. Główne cechy charakterystyczne tych grobowców to: wyjątkowa prostota i oszczędność konstrukcji architektonicznej (w porównaniu z grobowcami królewskimi) oraz całkowita odmienność ikonografii, która wydaje się o wiele świeższa w swych pomysłach i żywsza. Dzięki temu grobowce omawianej doliny są bogatym źródłem wiedzy o życiu dworskim w starożytnym Egipcie, łącznie z podziałami na funkcje i role przypadające poszczególnym dygnitarzom.

Grobowiec Rachmary

Jest to jeden z największych grobowców z czasów XVIII dynastii. Wybudował go dla siebie Rachmara, burmistrz miasta i jednocześnie „premier" dwóch kolejnych władców – Tutmozisa III oraz Amenhotepa II. Najbardziej interesujące sceny tego zabytku dotyczą ściągania danin z innych krajów. Mamy więc tutaj postacie wysłanników z Puntu, z Kefti (którą to nazwę należy chyba rozszyfrować jako Kretę), z Ratenu, czyli północnej Asyrii, Syrii i wreszcie z państwa Kusz.

Rzeźbiarze wykuwają posąg faraona
Robotnicy opiekujący się wyposażeniem grobowca

Grobowiec Kikiego

Królewski intendent Kiki został pochowany w grobowcu, który potem zamieniono w stajnię. Na jednej ze ścian przedstawiono podróż doczesnych szczątków zmarłego do Abydos. Można na tym malowidle łatwo rozpoznać lamentujące zawodowe płaczki oraz służących, którzy niosą ofiary.

Wizerunek Kikiego (z brodą), któremu towarzyszy jego narzeczona trzymająca sistrum. W górnym rzędzie mąż i żona modlą się do Anubisa

Grobowiec Menny

Właściciel niniejszego grobowca, określony w inskrypcji jako „Pisarz w Rejestrze Ziemskim Pana Górnego i Dolnego Egiptu", wykorzystał istniejący przedtem grobowiec i tylko go powiększył. Malowidła należy zaliczyć do scen rodzajowych. Ukazują one między innymi pracę w polu, pielgrzymkę do Abydos, synów i córki Menny. Są to niewątpliwie jedne z najelegantszych fresków w całej nekropolii.

Scena biesiadna z niewolnicami rozlewającymi pachnidła. Żona obejmuje tymczasem męża ramieniem. Na głowach małżonkowie mają specjalne nakrycia z pojemniczkami na olejki aromatyczne, które ogrzewając się od ciepła ciała parują i wydzielają przyjemną woń

Scena krępowania i obmywania byka przeznaczonego na ofiarę

Grobowiec Sennefera

Do grobowca tego można dostać się czterdziestotrzystopniowymi schodami, które prowadzą w głąb skały. Sennefer był gubernatorem Południowego Miasta za panowania Amenhotepa II. Grobowiec słynie z rysunku przepięknej altany, oplecionej gałązkami winorośli, jaki zdobi sufit w przedsionku.

Sennefer wraz z małżonką Sethnefer płyną Nilem, siedząc pod baldachimem, podczas gdy służący podaje im do stołu ➤

Dwa Anubisy strzegące drzwi do zaświatów, pomiędzy nimi wysmukły wazon z kwiatami ➤

Grobowiec Ramozisa

Ramozis miał tytuł „Gubernatora Miasta i Wicekróla" za panowania faraona-heretyka Echnatona. Po śmierci swego władcy Ramozis zrezygnował z grobowca, który zaczął wznosić w Tell el-Amarna i z którego nie przetrwał do naszych dni najmniejszy bodaj ślad, i zbudował inny w Tebach. Odnajdujemy w nim teraz szczególnie piękne płaskorzeźby, które wyróżnia nie tylko bardzo wysoki poziom artystyczny, ale także niezwykła naturalność i wierność, zwłaszcza w przedstawianiu ludzkich twarzy.

Dwa przykłady płaskorzeźb przedstawiających Ramozisa samego i z małżonką Satamon

Pochód służących, którzy niosą wyposażenie grobowca. Można tu rozpoznać łoże z podgłówkiem, fotel oraz cztery skrzynie ➤

Pochód służących z kwiatami ➤

DOLINA ROBOTNIKÓW

Dzisiaj dolina z niewielką wioską oraz nekropolią wszystkich budowniczych i artystów, zatrudnionych przy budowie królewskich grobowców w Tebach, nazywa się Deir el-Medina.

Spoczywają tu kamieniarze, murarze, malarze i rzeźbiarze, którzy codziennie w drodze do pracy przy królewskim cmentarzysku przemierzali ścieżkę wijącą się poprzez pagórki Deir el-Bahari. Kobiety pozostawały w wiosce, zajęte pszenicą i jęczmieniem. Brygadami robotników kierowali nadzorcy – architekci lub artyści różnych specjalności. Malarze dzielili się na dwie grupy: tych, którzy pracowali na ścianach znajdujących się po lewej stronie, i tych, pracujących na prawo. Domy robotników były wyjątkowo prostymi domostwami. Zbudowane z suszonych cegieł i pobielone w środku, składały się z ciasnego przedsionka, pokoju i kuchni. Czasami, choć raczej rzadko, miały piwnicę i taras.

Grobowiec Inherchy

W czasach Ramzesa III i Ramzesa IV Inhercha był „Wysłannikiem Pana Dwóch Egiptów na Pole Prawdy”. Miał on dwa grobowce zbudowane w tym samym czasie. Pierwszy, położony w dole, bliżej wsi, odznacza się bogactwem fantazji i niezwykłą inwencją istniejących tam malowideł. Szczególnie udane są zwłaszcza sceny ukazujące życie rodzinne, jak na przykład ta, w której mąż i żona, ubrani w podobne lniane szaty, ucztują razem przy biesiadnym stole.

Grobowiec Sennedżena

Sala główna – to jedyne, co pozostało z grobowca Sennedżena, urzędnika z czasów XIX dynastii i „Sługi Pola Prawdy”. Zachowane tu malowidła dzięki dynamizmowi i świeżości kolorów należą do najpiękniejszych w całej dolinie. Na jednej ze ścian widzimy Sennedżena, który w towarzystwie swej narzeczonej pracuje na Polach Jalu (odpowiednik raju), orze, sieje i zbiera żniwo. Na drugim końcu ściany (u dołu) przedstawiono męża i żonę oddających cześć bogom na tamtym świecie. Ponad głowami wszystkich bogów umieszczono tu Ozyrysa, który swą zieloną skórą symbolizuje niezmienność odradzania się życia na wiosnę.

Skarabeusz z „naszyjnikiem Hathor”
Elegancki przemarsz czterech Anubisów kroczących jeden przy drugim

Wizerunki bogini Izis, opiekunki umarłych ➤

Wielbłąd obładowany trzciną cukrową
Typowy dom nad kanałem
Statki turystyczne na Nilu

Typowa feluka ➤

ESNA

W czasach starożytnych była to stolica trzeciego nômi, czyli prowincji Górnego Egiptu. Grecy nazywali ją Latopolis od imienia świętej ryby – Lato, którą otaczano kultem i której liczne mumie przetrwały do naszych czasów.
Obecnie niewielkie miasteczko czy nawet wioska, szczyci się tylko jedną świątynią, zbudowaną ku czci boga Chnum. Zabytek ten powstał w czasach ptolemejskich z gruntownej przebudowy starszej świątyni, powstałej za XVIII dynastii. W dość dobrym stanie przetrwał przedsionek o wymiarach trzydzieści trzy na osiemnaście metrów. Są w nim dwadzieścia cztery kolumny trzynastoipółmetrowej wysokości. Bardzo interesujące są głowice tych kolumn, zdobione różnorodnymi motywami roślinnymi.

Wielki pylon z wejściem do świątyni

◄ Głowice kolumn z przedsionka świątyni Chnum w Esnie
Ogólny wygląd fasady

EDFU

Edfu, maleńkie miasteczko bez znaczenia, zawdzięcza swoją sławę najlepiej w całym Egipcie zachowanej świątyni. W starożytności była to stolica drugiego nômi Górnego Egiptu, przez Greków zwana Apollinopolis Magna.
Słynna świątynia, dedykowana Horusowi, powstała za Ptolemeuszy na bazie starszej świątyni z czasów Tutmozisa III. Jej imponujące wymiary czynią z niej najważniejszy obiekt po Karnaku. Ma ona sto trzydzieści siedem metrów długości i siedemdziesiąt dziewięć metrów szerokości w fasadzie. Posiada też pylon o wysokości trzydziestu sześciu metrów. Wejścia do świątyni strzegą dwa bardzo piękne posągi z czarnego granitu, przedstawiające Horusa pod postacią sokoła. W rzeczywistości imię boga wywodzi się z rdzenia słownego „hr", oznaczającego jastrzębia. Wspomniane rzeźby mają w tle zewnętrzną ścianę świątyni z ogromnymi postaciami Horusa i Hathor. Szerokie otwory po obu stronach wejścia służyły do zaczepiania masztów, z których niegdyś powiewały sztandary obu bóstw. Wewnątrz sanktuarium, które jest naprawdę w doskonałym stanie, znajduje się piękne tabernakulum czterometrowej wysokości, wyrzeźbione z jednego kawałka szarego granitu. Inskrypcja, umieszczona na nim, mówi, że wykonano je za Nektanebusa II (360 p.n.e.).
Zanim wejdzie się do świątyni, warto rzucić okiem na tak zwane „mammisi" wykonane za Ewergeta II. W języku koptyjskim „mammisi" oznacza „miejsce narodzin" i odnosi się do punktu, gdzie każdego dnia symbolicznie odradza się Horus. Z tego też względu jest to sakrum dla ciężarnych i wszystkich kobiet, które pragną mieć dziecko.

Dwa ujęcia „Wielkiego dziedzińca świątecznego". Kolumny do połowy wysokości zabudowano tu ścianami międzykolumnowymi

Majestatyczny posąg Horusa ➤ z czarnego granitu

KOM OMBO

Położone między Edfu i Asuanem, Kom Ombo to starożytne miasto Pa-Sebek, co oznacza „dom Sebeka" – boskiego krokodyla, którego czczono już w czasach predynastycznych. Pozostały tu imponujące resztki sanktuarium zbudowanego w dość niecodziennym stylu. W rzeczywistości jest to podwójna świątynia, powstała z połączenia dwóch oddzielnych budowli wzdłuż jednej ściany. Przybytek znajdujący się po prawej stronie poświęcono Sebekowi, bóstwu płodności, który miał być wedle ówczesnych wierzeń stworzycielem świata. Świątynia po lewej należała do bóstwa o imieniu Haroeris, co oznacza „Horus jest wielki". Był to solarny bóg wojny. Ten zabytek powstały w czasach Tutmozisa III również poddano gruntownej przeróbce za Ptolemeuszów. Obie świątynie otaczała duża ściana zewnętrzna otwarta od strony Nilu dzięki dwóm bramom. Główny przedsionek w dość oryginalny sposób dzielą na dwoje trzy rzędy kolumn, które biegną środkiem i tworzą w ten sposób dwa oddzielne pomieszczenia. Dopiero w głębi mamy do czynienia z dwoma całkowicie rozgraniczonymi przestrzennie sanktuariami.

Dwa ujęcia świątyni w Kom Ombo

Panorama Asuanu z białymi felukami spływającymi w dół Nilu

ASUAN

Dzisiejsze miasto Asuan zbudowano w miejscu starego targowiska Abu, zwanego przez Greków Elefantyną, co oznacza „wyspę słoni". W czasach gdy była to stolica pierwszego nômi Górnego Egiptu, miasto nosiło nazwę Sjene. To właśnie stąd, z przebogatych kamieniołomów pochodzi czerwony granit – sjenit, z którego wznoszono świątynie, obeliski i posągi. Złoża tego pięknego surowca czynne były nadal w czasach rzymskich, gdy cesarz Tyberiusz zesłał na wygnanie do Sjeny poetę Juwenalisa. Inną atrakcją tej miejscowości jest studnia, której pionowe ściany raz w roku, w dniu przesilenia letniego, są oświetlane promieniami słonecznymi z powodu bliskości zwrotnika Raka. Eratostenes, pisarz i matematyk, wziął tę studnię za punkt odniesienia w swych obliczeniach obwodu Ziemi. Na zachodnim brzegu Nilu, wykute w ścianie skalnej wzniesienia, zwanego Tabet el-Hawa („góra wichrów"), znajdują się grobowce książąt i notabli z trzeciego tysiąclecia przed Chrystusem. Wąskimi, stromymi schodami można wspiąć się do małych kaplic grzebalnych, z których wiele wciąż zachowało tarasy, kolumnady, drzwi i okna. Grobowce, usytuowane w ten sposób, sprawiają wrażenie skalnego miasta. Wiele kaplic spalili lub zniszczyli inaczej w czasach chrześcijańskich Koptowie. Wznieśli oni na szczycie wzgórza ufortyfikowany klasztor, który z kolei padł ofiarą najścia armii Saladyna. W pobliżu znajduje się również słynne **mauzoleum Agi Khana** zmarłego w 1957 r.

A teraz parę słów na temat osławionej tamy asuańskiej, „egipskiego zabezpieczenia przed głodem". Projekt powierzono inżynierom radzieckim, a prace rozpoczęto w styczniu 1960 roku. 14 maja 1964 roku wody Nilu skierowano do kanału retencyjnego. Tama stworzyła sztuczne jezioro – Jezioro Nasera – które ma pięćset kilometrów długości oraz sto pięćdziesiąt siedem miliardów metrów sześciennych pojemności. Jest to drugi co do wielkości, po jeziorze na Zambezi, sztuczny akwen na świecie. Inwestycja rozwiązała kilka egipskch problemów ekonomicznych, które najlepiej obrazują dwie liczby: z dziewięciuset tysięcy metrów kwadratowych powierzchni uprawiano tu zaledwie trzydzieści osiem tysięcy. Stanowi to jedynie cztery procent powierzchni kraju. Dzięki tamie można było liczyć na wzrost powierzchni upraw, stworzenie ambitnego systemu iryga-

Mauzoleum Agi Khana
Klasztor świętego Symeona

Feluki na Nilu z nekropolią książąt w tle ➤
Widok na Muzeum Asuańskie

ASWAN MUSEUM

cyjnego, a przy okazji na zwiększenie produkcji energii elektrycznej. Z drugiej jednak strony bezcennym pomnikom historii i sztuki groziło zatopienie i bezpowrotne zniszczenie. Nic dziwnego, że cały świat z zapartym tchem obserwował nieprawdopodobną operację przeniesienia ich w bezpieczne miejsce, tak aby tama mogła powstać bez zaprzepaszczenia artystycznego i kulturalnego dziedzictwa ludzkości.

Grobowiec Sirempta I

Niestety, z tego grobowca, który należał do syna Zatseni, księcia XII dynastii, pozostało bardzo niewiele. Trudno dziś uwierzyć, że był to największy i najpiękniej zdobiony grobowiec w całej nekropolii. Częściowo ocalały ściany, portal z wapienia zdobiony delikatnymi płaskorzeźbami ukazującymi życie zmarłego księcia, i resztki portyku z sześcioma filarami.

Grobowiec Sirempta II

Siremput II był „księciem krwi" za panowania Amenemahata II z XII dynastii. Grobowiec jego składa się z kilku pomieszczeń. Najpierw wchodzi się do przedsionka wspartego na sześciu filarach. Stamtąd galeria z sześcioma niszami, w których stoją posągi przypominające kształtem mumie zmarłego księcia, wiedzie do sali o czterech filarach. Każdy filar zdobią wspaniałe portrety Sirempta. Wreszcie zwiedzający staje w kaplicy pokrytej freskami. Warto tu zwrócić uwagę na scenę, w której książę siedzi przy suto zastawionym stole. Nie brak tu szczegółów. Jest chleb, słodycze, owoce, łącznie z kiśćmi winogron, a nawet kaczka. Pod stołem stoi karafka z winem. Równocześnie zmarły przyjmuje wyrazy szacunku od swego małoletniego syna. Na sąsiedniej ścianie umieszczono wizerunek żony księcia, kapłanki bogini Hathor, również zasiadającej przed rytualnym posiłkiem.

Kaplica w grobowcu Sirempta II ➤

Wejście do grobowca Sirempta I

Kamieniołomy

Prastare kamieniołomy, z których pozyskiwano granit, ciągną się wzdłuż Nilu przez około sześć kilometrów. Z rowków, które wykuwano na krawędzi przyszłych sjenitowych ścian, możemy się domyślić, jak pozyskiwano granitowe bloki. Otóż wzdłuż tych rowków wbijano drewniane kliny, które następnie zwilżano. Pęcznienie drewna powodowało, że skała pękała w zamierzony sposób i uwalniała prawie gładką powierzchnię, nadającą się już do szlifowania. Nie opodal można obejrzeć słynny „nieukończony obelisk", który miałby czterdzieści jeden metrów wysokości, a ważyłby około tysiąc dwieście sześćdziesiąt siedem ton. Był on przeznaczony dla królowej Hatszepsut, ale podczas obróbki w kilku miejscach pojawiły się rysy i dlatego nigdy nie zabrano go z wyrobiska.

Niedokończony obelisk królowej Hatszepsut
Pierwsza katarakta z lotu ptaka

Wyspa Sehel

Kilka kilometrów za Asuanem znajduje się pierwsza katarakta na Nilu – ogromna przestrzeń spienionej wody, gwałtownych wirów rozpryskujących się na licznych występach skalnych i maleńkich wysepkach. Wyspa Sehel, położona w samym środku mikroskopijnego archipelagu, jak najbardziej zasługuje na to, by ją zwiedzić. W całkowitym nieporządku, bez ładu i składu, leżą tam gigantyczne granitowe bloki, pokryte inskrypcjami oraz wizerunkami różnych postaci. Najstarsze pochodzą z czasów VI dynastii, jednak można tu znaleźć teksty reprezentujące niemal wszystkie okresy historyczne do okresu ptolemejskiego włącznie. Napisy upamiętniają przeważnie nominacje różnych dygnitarzy królewskich.

Stela nr 81 z wyspy Sehel, znana też jako „stela głodu"

Świątynia w Kalabszy z Pomnikiem Wielkiej Tamy w tle

FILE

W samym środku malowniczej panoramy granitowych skał wyrastają ku zachmurzonemu niebu kolumny i filary wyspy poświęconej bogini Izis. Jest to naprawdę niezwykły widok. Chwilami aż ma się wrażenie, że istnieje tylko w naszej wyobraźni. Świątynia na wyspie File należy obok zabytków Edfu i Dendery do trzech najlepiej zachowanych sanktuariów ptolemejskich.

Po wybudowaniu w 1904 r. starej tamy na pierwszej katarakcie, świątynię przez większą część roku zatapiała woda. Była ona widoczna tylko w sierpniu, gdy otwierano wszystkie śluzy w celu wyrównania naporu wód wzbierającego Nilu. Wraz z budową drugiej tamy chciano ocalić zabytek przed całkowitym zniszczeniem, wtedy zaistniała konieczność rozmontowania i przeniesienia go na wyspę Egelika i ponownego ustawienia obiektu.

Lewa strona świątyni Izydy z pierwszym i drugim pylonem

Wyspa Egelika ➤
Fasada pierwszego pylonu

Piękny Pawilon Trajana

Kult Izis na wyspie File sięga niepamiętnych czasów. Istniała tradycja, że każdy Egipcjanin przynajmniej raz w życiu powinien udać się z pielgrzymką na świętą wyspę. File jest najmniejszą z trzech wysepek na końcu szeregu skał tworzących pierwszą kataraktę. Ma ona czterysta metrów długości i sto trzydzieści pięć metrów szerokości. Południową część wyspy zajmuje kompleks budowli, stanowiących sanktuarium, poświęcone bogini. Uważano niegdyś, że cudowne i dobroczynne wylewy Nilu właśnie tutaj biorą swój początek. Po zakończeniu ewangelizacji Nubii przez Justyniana, biskup Teodoros przerobił w 535 roku świątynię na kościół pod wezwaniem świętego Stefana. Południowy kraniec wyspy zajmuje tak zwany pawilon Nektaneba I, wyróżniający się czternastoma „hathorycznymi" kolumnami. Ten sam faraon rozpoczął budowę pierwszego pylonu przy świątyni Izis, słynącego ze swych reliefów. U samego dołu jest tam między innymi scena ukazująca, jak faraon Ptolemeusz XIII składa w ofierze Hathor i Horusowi jeńców wojennych.

◄ Spojrzenie z góry na drugi pylon
Detal płaskorzeźb
Fragment Pawilonu Nektanebo I
z kolumnami w kształcie dzwonów

Fasada Wielkiej Świątyni w Abu Simbel i dwa posągi z prawej strony wejścia

ABU SIMBEL

Trzysta dwadzieścia kilometrów od Asuanu, w Nubii, leży Abu Simbel, najpiękniejsza i robiąca chyba największe wrażenie budowla – dzieło faraona najbardziej ekscentrycznego w dziejach Egiptu. Sanktuarium poświęcono teoretycznie Amonowi-Ra, Harmakisowi i Ptahowi, ale w rzeczywistości służyło ono sławie i chwale swego twórcy – Ramzesa II Wielkiego.

Dla ówczesnych architektów projekt stanowił nie lada wyzwanie. Dwa tysiące lat później przed podobnym wyzwaniem stanęli inżynierowie całej społeczności międzynarodowej, którzy postawili sobie zadanie uratowania tego zabytku przed wodami Nilu. W tym samotnym miejscu, zagubionym w środku Pustyni Nubijskiej, wykuto w litej skale świątynie o wymiarach trzydzieści osiem na sześćdziesiąt pięć metrów. Niezwykły fronton wyrzeźbiły „nieprzebrane rzesze robotników, których własne miecze przywiodły do niewoli". Wszyscy oni pracowali pod okiem licznych nadzorców. I tak oto fasada składa się z czterech gigantycznych posągów faraona siedzącego na tronie. Każdy z tych kolosów mierzy dwadzieścia metrów wysokości, odległość od ucha do ucha wynosi cztery metry, a długość warg – metr. Mają one charakter nie tylko dekoracyjny albo prestiżowy, przez to że symbolizują potęgę Ramzesa, ale także czysto funkcjonalny; bowiem służą również jako wsporniki fasady o wysokości trzydziestu jeden metrów. Po kamieniarzach i rzeźbiarzach przychodzili malarze. Kiedy powstawały, malowidła Abu Simbel musiały wyróżniać się szczególnym bogactwem kolorów i odcieni, dzisiaj, niestety, całkowicie zniszczył je upływ czasu. Posuwając się w głąb masywu skalnego, zwiedzający wkracza do właściwego sanktuarium, gdzie niegdyś stały posągi triady, do której należała w zamyśle świątynia, oraz posąg samego Ramzesa. To właśnie tutaj było miejsce tak zwanego „cudu słońca".

Dwa razy w roku, 21 marca oraz 21 września, o gdzinie 5.58 rano, promień słońca przebiega sześćdziesięciopięciometrową drogę od wejścia do we-

wnętrznej kaplicy, by rozświetlić posągi Amona-Ra oraz Ramzesa II. Kilka minut poźniej jasna plama pada na Harmakisa. Po około dwudziestu minutach światło gaśnie, przy czym należy odnotować, że słońce nigdy nie dociera do Ptaha, albowiem Ptah jest bóstwem ciemności.

Dekoracje naścienne obrazują wyczyny wojenne Ramzesa II. Nadworny poeta faraona – Pentaur ułożył długi poemat epicki o wyprawie Ramzesa II do Syrii. Poemat, zapisany hieroglifami, wykuto nie tylko w Abu Simbel, ale również na ścianach innych gigantycznych świątyń, między innymi w Karnaku i Luksorze. Podczas długich wojen przeciwko wojowniczym Hetytom, którzy utworzyli sojusz obronny z sąsiadami, faraon Ramzes II dał swoim oddziałom dowody rzadko spotykanego męstwa. W piątym roku panowania stanął na czele armii i osobiście poprowadził szturm na miasto Atech (inaczej – Kutszu), znane też jako starożytny Emezus, położony na północny zachód od Tripolisu. Zdradzony przez fałszywych sprzymierzeńców (w rzeczywistości beduińskich szpiegów na usługach króla Hetytów), faraon wpadł w zasadzkę i znalazł się w okrążeniu. Miał wówczas przy sobie jedynie gwardię osobistą, dysponującą siedemdziesięcioma pięcioma rydwanami, podczas gdy wróg posiadał ich około dwóch tysięcy.

„Potem – pisze poeta Pentaur, pełen uwielbienia dla swego władcy – wyprostowany na cały wzrost, Faraon przybrał dumną pozę rycerza. I poganiając zaprzęg rydwanu, ciągnionego przez dwa konie, rzucił się do walki. Był sam, zupełnie sam, bez kogokolwiek u swego boku! Żołnierze i straże patrzyli tylko z daleka, jak bohatersko odpierał ataki, broniąc się niczym heros. Dwa tysiące pięćset rydwanów z trzema żołnierzami każdy stłoczyło się wokół niego, chcąc go zgnieść, ale on trwał nieustraszony, nie mając przy sobie ani książąt, ani dowódców, ani żołnierzy!...”

W owej chwili najwyższego zagrożenia Ramzes zwraca się z gorącą modlitwą do najważniejszego boga faraonów: „O Ty, boski Amonie, Panie wieczności, Stworzycielu świata, Boże, który dajesz wszystko, Panie wszystkich królestw na tej ziemi... ujrzyj! Sam jestem!... Czyś Ty nie mój ójciec, a ja nie syn Twój?... Moje dłonie zawsze były posłuszne Twojej woli. Czyż nie okazałem Ci dość szacunku mymi ofiarami? Wspomnij, wszak poświęciłem Twemu imieniu trzydzieści tysięcy byków, wszak zbudowałem dla Ciebie świątynie z przeogromnych głazów granitowych! Policz tylko obeliski, jakie wzniosłem ku Twej chwale! O boski Amonie, teraz, kiedy jestem sam, przez wszystkich opuszczony, do Ciebie wyciągam ramiona i ku Tobie kieruję moje modły. Czyż nie jesteś silniejszy niż tysiąc strzelców, czyż nie jesteś silniejszy od tysiąca bohaterów?..."

Wreszcie Amon odpowiada na modły Ramzesa: „Jestem twoim ojcem słońcem. Moja prawica jest z tobą. I, jak powiedziałeś, znaczę więcej niźli tysiąc bojowników! Kiedy ja się zniżę, by wejść w to kłębowisko rydwanów, które cię osaczyły, zobaczysz jak padną i rozprysną się niczym gliniane dzbanki pod kopytami twoich koni!... I zmrożę krew w żyłach twoich nieprzeliczonych wrogów, i odbiorę moc członkom, i sprawię, że dzidy wypadną im z dłoni, i kołczany... I cisnę ich do wody niczym krokodyle!... Będą się zabijać nawzajem, i podrzynać sobie gardła... A kto upadnie, nigdy już nie powstanie!..."

Potem Ramzes przyzywa na pomoc dowódców i jeźdźców, którzy nie wzięli udziału w bitwie. „Naprzód! – krzyczy faraon. – I powiedzcie, który z was bardziej niż ja poświęca się dla ojczyzny? Kiedy wy siedzieliście spokojnie w swych obozach, sam jeden stawiłem czoła wrogom. Gdyby nie ja, bylibyście już martwi!..."

Zapada zmierzch i poeta ukazuje nam dalsze koleje losów bitwy. Cała armia Ramzesa, która się rozproszyła, ponownie przeszła do natarcia. „Atakowali i bili się na ziemi usłanej ciała-

◄ Posąg Raharachta z głową jastrzębia
Posąg Nefertari (detal)

Kaplica z posągami Harmakisa, boskiego Ramzesa II, Amona-Ra i Ptaha

Korytarz z ośmioma ozyrycznymi filarami

mi, czerwoni od krwi... A ich stopy nie miały gdzie spocząć, tak wielu było zabitych!..." Po zakończeniu bitwy, dowódcy radośnie otaczają faraona i gratulują mu zwycięstwa: „O Ramzesie, sam jeden dokonałeś więcej niż mogłaby zrobić cała armia. Twój zwycięski miecz rzucił Hetytów na kolana!... Nic nie dorówna Tobie w dniu bitwy, kiedy walczyłeś za swój naród!... Natchniona przykładem swego wodza, egipska kawaleria rzuciła się do boju tak, jak jastrząb rzuca się na swoją ofiarę. Faraon dokonał wielkiego czynu. Ktokolwiek się do niego zbliżył, padł rażony jego gniewem. Wkrótce ciała wrogów pocięte na kawałki utworzyły wokół niego krwawą górę trupów..."

Dzieje Ramzesa II ożywają dzięki tym poetyckim strofom. Lepiej rozumiemy rolę, jaką odegrał w historii. I nic dziwnego, że od Dżebel Barkal do Narh el- Keld (w pobliżu Bejrutu) widnieją liczne stele upamiętniające czyny tego króla, któremu legenda przypisuje zwycięstwa podobne do tych, jakie odnieśli Tutmozis III, Seth I i Ramzes III.

I jeszcze coś wyjątkowego, dotyczącego tego władcy. Otóż pomimo nieustającej gloryfikacji tylko własnej osoby, Ramzes II wybudował koło swego monumentalnego grobowca niewielką kaplicę, zaledwie dziesięciometrowej długości, dla swej małżonki Nefertari. Nigdy przedtem żony faraona nie przedstawiano na fasadzie jakiejkolwiek świątyni. Tego zaszczytu dostąpiła jedynie towarzyszka życia Ramzesa II.

Przez wiele stuleci zespół świątynny Abu Simbel trwał niezmiennie ponad wodami Nilu, utrwalając pamięć o wielkości i boskości Ramzesa II. Niebezpieczeństwo, że może on zniknąć na zawsze w sztucznym jeziorze, poruszyło cały świat. UNESCO natychmiast powołało dwie komisje, których zadaniem było ocalenie zabytku. Znalezienie właściwego rozwiązania nie było rzeczą prostą zarówno ze względu na budowę świątyni, jak też materiał, z którego powstała. Ostatecznie zdecydowano się na realizację pomysłu Szwedów, którzy proponowali całkowite usunięcie mas skalnych, znajdujących się ponad obiektem, pocięcie świątyni na kawałki i ponowną jej rekonstrukcję na płaskowyżu położonym znacznie wyżej pierwotnego poziomu. Po pierwsze wykonano siedemnaście tysięcy otworów, przez które wstrzyknięto żywicę, co miało na celu wzmocnienie struktury. Zużyto w rezultacie trzydzieści trzy tony żywicy i mniej więcej tyle samo stalowych klamer, które zabezpieczyły kamień przed wykruszaniem się.

Izyda

Ponieważ poziom wód Nilu rósł w znacznie szybszym tempie niż to pierwotnie zakładano, rozpoczął się swoisty wyścig z czasem, a cięcie i przenoszenie kamiennych brył odbywało się w znacznie większym pośpiechu. Sam zabytek pocięto na tysiąc trzydzieści sześć bloków o przeciętnej wadze trzydziestu ton, do czego należy jeszcze dodać tysiąc sto dziesięć kawałków otaczającego górotworu. Pierwszy blok, oznaczony numerem GA 1AO1 przeniesiono 21 maja 1965 r. W ten oto sposób rozpoczęła się najniezwyklejsza przygoda – rozczłonkowanie i ponowne złożenie olbrzyma, przedsięwzięcie, jakiego archeologowie jeszcze nigdy nie musieli się podjąć. Zespół grobowcowy Ramzesa i Nefertari zrekonstruowano dokładnie w jego pierwotnym kształcie na zboczu góry dziewięćdziesiąt metrów wyżej pierwotnego poziomu. Niestety, uświadomiono sobie, że nie wszystko uda się zrekonstruować bez odstępstw od pierwowzoru. Ciężar bowiem sztucznej skały, która miała znaleźć się nad świątynią, spowodowałby jej zawalenie. Zmusiło to inżynierów do zbudowania dwóch olbrzymich kopół z żelazobetonu, które niczym gigantyczne klosze przykryły świątynię, biorąc na siebie nacisk mas skalnych. Kopuły przykryto następnie materiałem przeniesionym z poprzedniego miejsca, starannie wypełniając wszelkie szpary.

Prace z trudem ukończono na czas. W końcu lata 1965 r. wody Nilu zaczęły powoli wypełniać całkowicie już wyludnione pieczary, gdzie niegdyś była świątynia. Teraz stała ona ponad nimi. Jedyne, czego brakowało do sprawdzenia dokładności przeprowadzonych prac – to „cud słońca". I cud nastąpił w lutym 1969 r. Promień słońca oświetlił bogów zasiadających w kaplicy dokładnie tak samo, jak robił to przez dwa tysiące lat. Ramzes II i jego architektoniczne arcydzieło trwają na przekór wszystkiemu.

Fasada „Małej Świątyni", zwanej również świątynią Hathor, zbudowanej w intencji Nefertari

Poszarpane, skaliste wybrzeże od strony Morza Czerwonego w okolicy Szarm el-Szejch z lotu ptaka

Klasztor świętej Katarzyny ➤
Fragment bazyliki Przemienienia Pańskiego
Góra Mojżesza

PÓŁWYSEP SYNAJ

Około dwudziestu milionów lat temu Egipt, Synaj i Półwysep Arabski stanowiły jedną całość. Potem silne ruchy górotwórcze spowodowały oddzielenie się poszczególnych partii lądu, a południowa część Półwyspu Synajskiego wyodrębniła się dzięki powstaniu dwóch zatok: Zatoki Sueskiej, której głębokość nie przekracza dziewięćdziesięciu pięciu metrów, oraz Zatoki Akaba, której głębokość wynosi z kolei tysiąc osiemset metrów. Ta ostatnia jest zresztą częścią Wielkiego Rowu Tektonicznego, ciągnącego się od łańcucha górskiego Taurus do Kenii. Wzmożona aktywność sejsmiczna w przeszłości wraz z licznymi erupcjami nadały Synajowi bardzo swoisty i niepowtarzalny charakter. Najważniejsze szczyty to Góra Mojżesza (2285 m) i Góra Świętej Katarzyny (2642 m) najwyższa na całym półwyspie.
Zachodnie wybrzeże, na odcinku od Szarm el-Szejch do Ras Mohammed i Taby, wyróżnia się licznymi rafami koralowymi, które wynurzają się kolejno jedna po drugiej, urozmaicając krajobraz.

KLASZTOR ŚWIĘTEJ KATARZYNY

Najmniejsza w świecie diecezja jest zarazem najstarszym w świecie nieprzerwanie czynnym klasztorem chrześcijańskim. Tutaj znajduje się również przebogata kolekcja ikon i cennych manuskryptów.
Pierwsze wzmianki o klasztorze Świętej Katarzyny odnajdujemy w kronikach patriarchy aleksandryjskiego Eutychiosa z IX w. Wspomniane kroniki opowiadają, jak Helena, matka cesarza Konstantyna, wstrząśnięta świętością tego miejsca, nakazała w 330 r. zbudowanie niewielkiej kaplicy na zboczu, gdzie Mojżeszowi ukazał się Krzak Gorejący. Kaplicę poświęcono Marii Pannie.
Cesarz Justynian polecił w 530 r. wybudowanie o wiele większej bazyliki – tej, która jest obecnie kościołem Przemienienia Pańskiego. Dopiero później klasztor przybrał kształty potężnej fortecy, co jest jego cechą charakterystyczną po dziś dzień.

INDEX

Dystrybutor w Polsce:
GALAKTYKA SP. Z O.O. Poland
ISBN 83-86447-22-2

Tytuł oryginału: ALL OF EGYPT
FROM CAIRO TO ABU SIMBEL • SINAI
Przekład z angielskiego: Eleonora Karpuk

Druk - Centro Stampa Editoriale Bonechi, Włochy
Zdjęcia z archiwów Casa Editrice Bonechi powielili: M. Carpiceci, L. Di Giovine, P. Gimbone.

ISBN 88-8029-367-2

Redakcja techniczna: Andrzej Czajkowski
Skład: PReS Projekt, Łódź

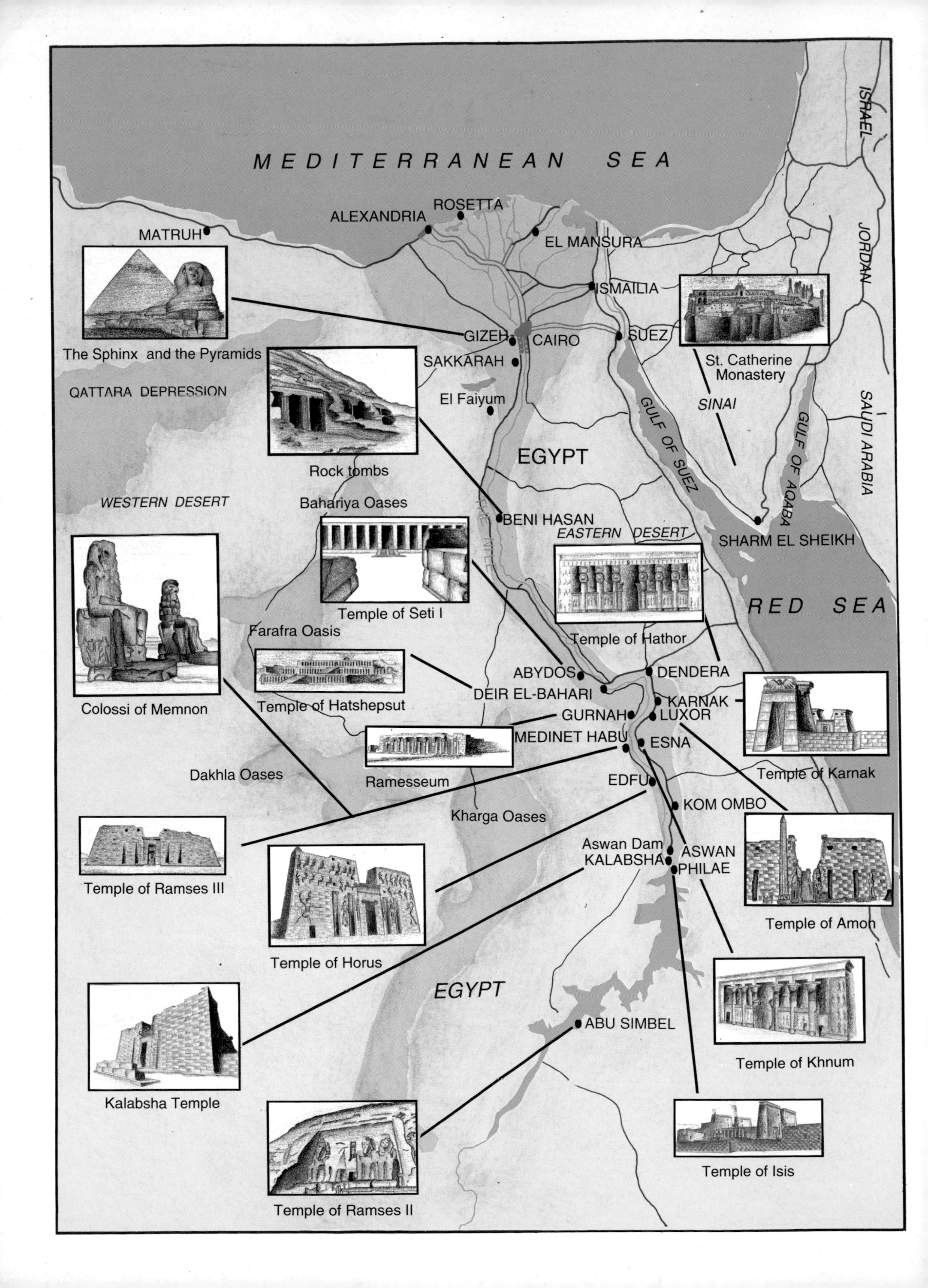

MEDITERRANEAN SEA
ISRAEL
JORDAN
SAUDI ARABIA
MATRUH
ALEXANDRIA
ROSETTA
EL MANSURA
ISMAILIA
SUEZ
GIZEH
CAIRO
SAKKARAH
El Faiyum
QATTARA DEPRESSION
EGYPT
SINAI
GULF OF SUEZ
GULF OF AQABA
WESTERN DESERT
EASTERN DESERT
Bahariya Oases
BENI HASAN
SHARM EL SHEIKH
RED SEA
Farafra Oasis
ABYDOS
DENDERA
DEIR EL-BAHARI
KARNAK
GURNAH
LUXOR
MEDINET HABU
ESNA
Dakhla Oases
EDFU
KOM OMBO
Kharga Oases
Aswan Dam
ASWAN
KALABSHA
PHILAE
EGYPT
ABU SIMBEL
The Sphinx and the Pyramids
St. Catherine Monastery
Rock tombs
Temple of Seti I
Temple of Hathor
Colossi of Memnon
Temple of Hatshepsut
Temple of Karnak
Ramesseum
Temple of Ramses III
Temple of Horus
Temple of Amon
Temple of Khnum
Kalabsha Temple
Temple of Isis
Temple of Ramses II